あみものクローゼット

那須早苗

文化出版局

母が父に、ツイードの糸でセーターを編んだことがあります。父は軽くて暖かなそれをとても気に入って、寒くなるとよく着ていました。セーターは母が洗って干し、乾いたら次は父の出番。畳の上にセーターを広げて、両袖をきちんと内側へ折り、着丈を半分にたたんで引き出しにしまう。あのセーターを思い出すたびに、それを着てテーブルで新聞を読む父と丁寧にたたむ姿が、はっきりと浮かんできます。

着やすくてつい手が伸びる、愛着のあるニット。きちんと手入れがされているものは、素材の経年変化が美しかったり、ほつれを直した跡があったりと、着る人が大切に思う気持ちが伝わってきます。そして、そのニットと一緒に過ごした人の時間もまた、感じられるように思うのです。ベストを着た母がお茶碗を洗う後ろ姿。贈ったネイビーのカーディガンを嬉しそうに羽織る兄。私たちの大切な日に、少し重いセーターを着てくれた夫。長いマフラーの余りを友達の首に巻いていた子どもの姿。懐かしいアルバムをめくるように、編んだものから次々と思い出が溢れてくる。引き出しに、そんなあみものが沢山詰まっていたら、どんなに幸せでしょう。

この本では、着る人にそっと寄り添うような、着心地がよくコーディネイトしやすいニットをお届けします。どの作品も、暮らしの情景から広がる空想や憧れ、心揺さぶられる出来事から生まれたものばかり。ユニセックスなサイズのセーターもあるので、大切な誰かと兼用することもできそうです。そうして着続けるうち、編んだものに、着る人の時間が積もってゆく。いつか「これはあの時に…」なんて、思う日が来るかもしれません。思い出は、今を生きるその人を支え、あたたかな心持にしてくれる大切なもの。あみものクローゼットには、そんなニット達が眠っていて、出番が来るのを心待ちにしているように思うのです。

Contents

ドネガルツイードのセーター

私のクローゼットにどうしても欲しい一枚が、ドネガルツイードのシンプルなセーターでした。シックな色合いのツイードは上質感とラフな印象が相まって、コーディネートしやすいけれど確かな存在感もあります。男性が着ても素敵なので、ユニセックスなサイズで作りました。

→p.50

Roadベスト

肌寒さを感じるころから、ベストはとても重宝します。作業中は腕を動かしやすく、体を温めている安心感もある。上着を羽織った時にちらりと見える感じもよいので、細かな柄を入れて楽しんでいます。スリットは、腰回りの膨らみが目立たないようにという願いを込めて。

→p.52

Roadワンピース

ベストが軽めにできたので、ワンピースも作ってみました。丈が長いので、延々と続く交差模様がこれまで辿ってきた道のりのようにも思え、Roadと名づけました。ワンピースは袖ぐりから肩にかけて重みがかかってしまうので、伸び止めを入れ、形くずれしにくい工夫をしています。

→p.52

夜空のマフラー／夜空のミニバッグ

p.8

夕暮れに湖畔を散歩していた時のこと。夜の粒子が次第に濃くなり、星がひとつ、またひとつと瞬き始めます。気づけば吸い込まれそうな夜空に、数えきれない星々が輝いている。時を忘れて見入ったのを覚えています。昼間には見えないその景色を、風吹きすさぶ日はくるりと首に巻いて。小さなバッグには大切なものだけを入れて。

→p.55、56

ヘンリーネックのサーマルセーター

人の体はとても美しい、だからなのか肌に最も近い服—肌着の形がとても好きです。特に冬はサーマルニットと呼ばれるワッフル状の編み目に惹かれます。凸凹した編み地が空気を抱え、層のように体を包む、とても暖かなセーターです。どこか懐かしさを感じるヘンリーネックは衿ぐりが伸びにくく、着やすい一着になりました。 →p.46

ヤドリギのセーター

冬の森を歩くと、裸木の枝先に丸い茂み―ヤドリギを見つけることがあります。黄色やオレンジの丸い実は、寒い季節を生き抜く鳥たちの大切な食糧でもあり、その可愛らしさは森の宝石のよう。決して手の届かないそれをリースにして、衿もとに飾ることができたら…。そんな空想から生まれたセーターです。

→p.57

Gotland's flowerベスト

スウェーデン・ゴットランド島で編まれた靴下に、このパターン(Gotland's flower)が編み込まれています。編んでいると、過去の編み人が見ていた景色を私も見ているかのよう。かつて咲いた花々がベスト一面に咲き誇っている。古くから編み続けられたパターンには時間や場所を超える力があるように思います。

→p.62

バスケットアランセーター

北国に住む友人が、アケビのカゴを抱えて会いに来てくれたことがあります。斜め格子に三つ編みにした蔓が編み込まれて、丁寧な手仕事が印象的でした。その緻密さが忘れられず、アラン模様の流れるような編み目に、蔓の曲線を重ねながら、模様を編んでみました。ユニセックスなデザインとサイズで男女問わず着ていただけます。

→p.65

バスケットアランの帽子

セーターの柄を帽子にアレンジしました。この糸は羊毛(チェビオットウール)の弾力、膨らみが素晴らしいので、柄がきれいに浮かび上がります。糸長が長いので仕上りが軽く、繊細かつ複雑なアラン模様も安心して編める、とてもよい糸だと感じています。

→p.70

ハグマフラー

生まれた子どもが初めて「抱っこして」と手を差し伸べ、小さな両腕で私の首にしがみついた時、それまで生きてきた自分のすべてを許されたような気がしたのでした。抱きながら抱きしめられている、その柔らかく優しいぬくもりがいつまでも心に残っています。

→p.68

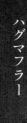

カシミヤクルーネック カーディガン

どんな気分の時もいつも傍にいて、ありのままの自分と一緒に年月を重ねてくれる、友人のようなカーディガンを作りました。私もこのカーディガンも、経年変化から生まれる風合いを楽しみたい。カシミヤはその気持ちに応えてくれる素材だと思います。 →p.71

カシミヤネックウォーマー
カシミヤロングミトン

カシミヤを大人っぽく着こなしたい。まっすぐに編むだけでできるメリヤス編みのネックウォーマーとミトンは、体に添う柔らかなラインが上質な素材感を伝えてくれます。首や手首を温かくしていると、体調にもよいのだそう。コンパクトなサイズは、外出先でもさっとバッグにしまえて便利です。

→p.78、79

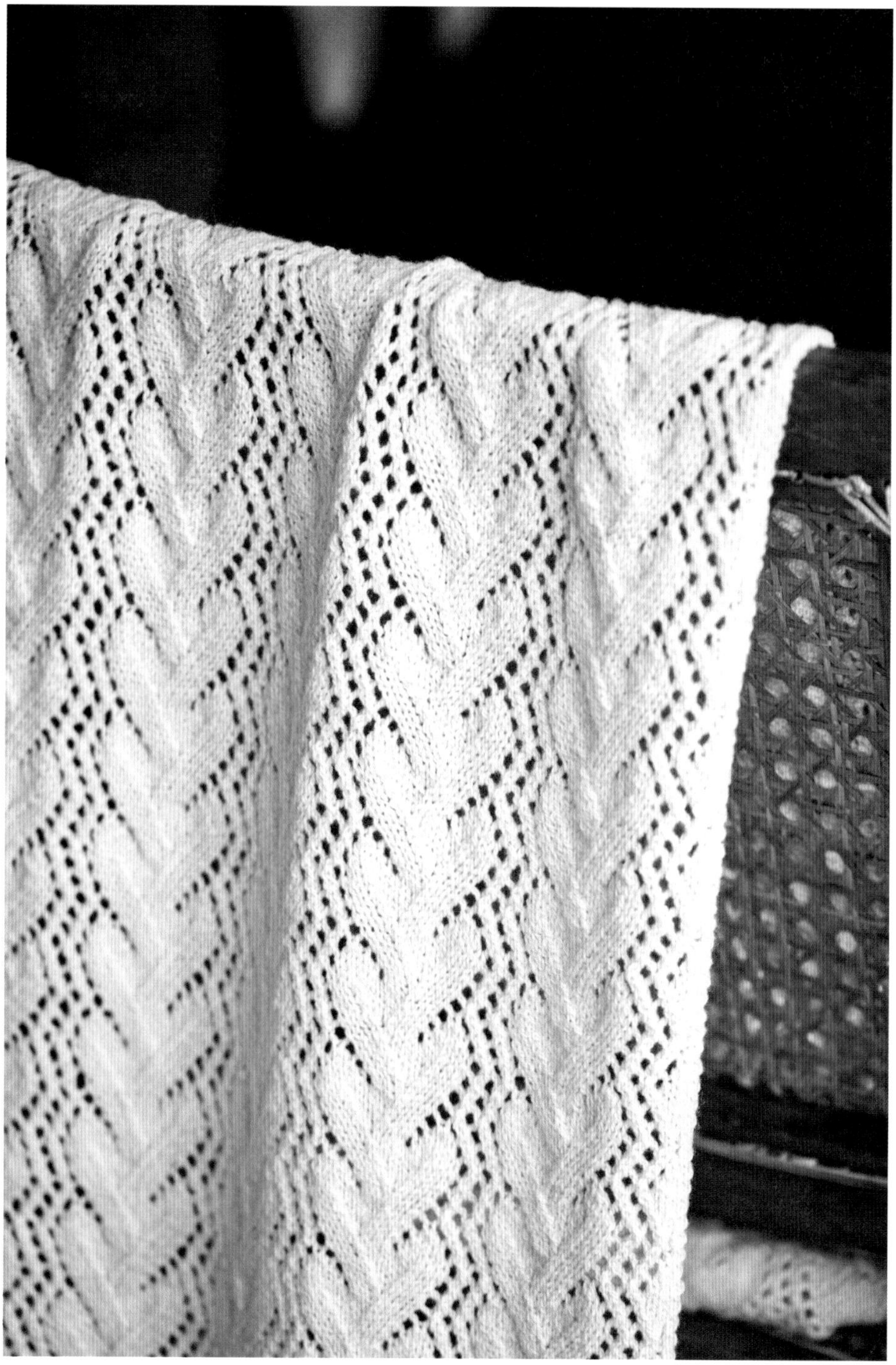

白木蓮のショール

早春の枝先に、たまごのように膨らんだ白いつぼみ。白木蓮が咲き始めると、つぼみの中の春が解き放たれるような気がして、思わず深呼吸してしまいます。朝晩の寒暖差が大きい季節は羽織るものが欲しくなる。水色の空へ向かって開く花びらをまとうようなショールです。

→p.80

晩秋の森。落ち葉の上を歩いていると、足もとがふわふわして、ガサガサと乾いた音が響きます。辺りにオレンジ色の夕日が落ちて、暖かそう。こんな枯れ葉に包まって眠ってみたい…。大人は想像で終わってしまうけれど、枯れ葉だって編めるのです。部屋を整えたら、一休み。気軽に羽織れる軽やかなカーディガンと一緒に。 →p.74

枯れ葉のカーディガン

おばあちゃんの靴下カバー

昔から編まれているGrandma's knitted socks。このシンプルで編みやすいパターンに踵をつけて、足の形に添う靴下カバーを作りました。足もとが冷え始めたら、靴下を重ね履きした上にこのカバーが必須。毎日のように履くので、アイスランドのタフな糸、ロピーで編みました。

→p.82

チェックの指なしミトン

アウターは無地のものが多いので、ミトンには柄を入れたくなってしまう。織り地からヒントを得て、チェックのミトンを作りました。たて糸とよこ糸が重なって色が濃くなる部分は裏編みを入れて立体的に。ベーシックな色合いはコーディネートしやすい安心感がありますが、鮮やかな色を試してみるのもよさそうです。

→p.84

Toneベスト

オーボエの「ラ」の音に合わせてオーケストラの楽器が次々と音を重ねていく。重厚な音が鳴り止み静寂に包まれると、いよいよ演奏会の始まりです。その場に集う人々が音楽を楽しむひとときに、自分で編んだニットを着て行けたら。TPOを考えつつ、そんな思いから生まれたベストです。 →p.85

渡り鳥のミトン

風の中を歩く日。冷たい空気の中、自転車で出かける日。指先までしっかりと編んだミトンがあれば、ちっとも寒くありません。ラトビアミトンのような緻密さは難しいけれど、同じパターンを合太糸で編んだら丁度よいサイズになりました。大空を飛ぶ鳥のようなパターンと一緒に、冬の散歩を楽しみましょう。

→p.86

イギリスゴム編みの帽子

フィッシャーマンセーターの定番の一つ、イギリスゴム編みで帽子を編みました。全身のコーディネートを考えた時に、手で編んだものはそれだけで存在感があります。すっきりした印象にしたくて、帽子の折り返しをつけずに仕上げました。編始めがピコットの穴のように見えるのが、私にはとても愛おしく思えます。

→p.86

糸について

この本の作品に使用した糸の内容です。糸はすべて実物大です。糸の購入先はp.96を参照してください。
表記は、使用作品の掲載ページ／糸名／メーカー／素材／1玉の重さ／1玉の長さ(約)

※作り方ページに記載している糸の分量は、掲載作品をもとにしています。使用量は編む人によって異なり、また、ゲージを編む分は含まれていませんので、ある程度、余裕のある分量を準備されることをおすすめします。
※糸の色は作品によっては異なるものがあります。

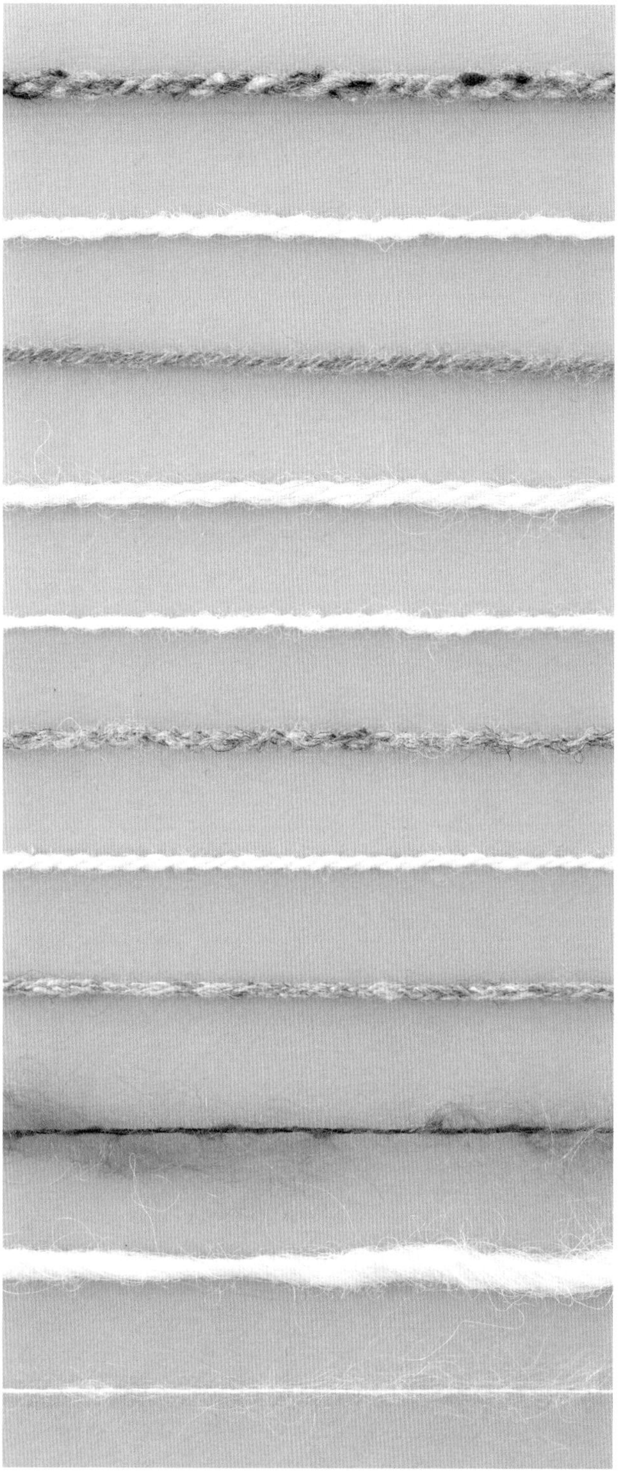

1　p.4／ソフトドネガル／パピー／ウール100％／40g／75m

2　p.6、8、16、18／チェビオットウール／DARUMA／ウール(チェビオットウール)100％／50g／92m

3　p.8、9、29、30／空気をまぜて糸にしたウールアルパカ／DARUMA／ウール(メリノ)80％ アルパカ(ロイヤルベビーアルパカ)20％／30g／100m

4　p.10／ブリティッシュエロイカ／パピー／ウール100％(英国羊毛50％以上使用)／50g／83m

5　p.12、32、33／シェットランドウール／DARUMA／ウール(シェットランドウール)100％／50g／136m

6　p.14／スピンドリフト／Jamieson's Spinning (Shetland)／ウール(シェットランドウール)100％／25g／105m

7　p.19、24／ヴィシュ／オステルヨートランド羊毛紡績／ウール100％／100g／300m

8　p.20、22／カシミヤリリー／DARUMA／カシミヤ100％／50g／208m

9　p.26／ユリカモヘヤ／パピー／モヘヤ86％(スーパーキッドモヘヤ100％使用) ウール8％(エクストラファインメリノ100％使用) ナイロン6％／40g／102m

10　p.28／ロピー／内藤商事／ウール100％／100g／100m

11　p.30／シルクモヘヤ／DARUMA／モヘヤ(スーパーキッドモヘヤ)60％ シルク40％／25g／300m

道具について

道具は、編む時間を共にする相棒のようなもの。
手になじみ、心地よく使いやすいものを探してみてください。

※編み針について
　針の号数は規格がありますが針先の形はメーカーにより微妙に違います。素材によっても編み心地が変わります。

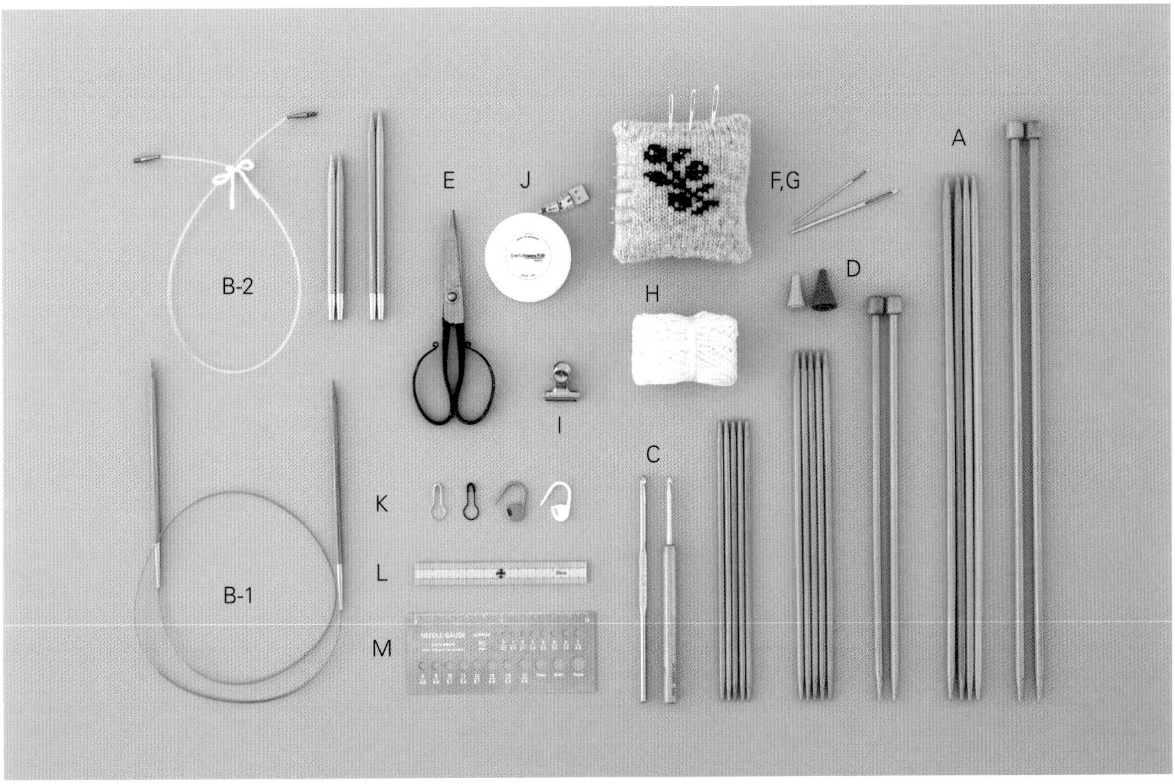

A 棒針

平らな編み地は2本棒針、輪(筒状)の編み地は4(5)本棒針を使用。編み地幅に合わせて棒針の長さを決めます。

B 輪針

輪(筒状)以外にも平らな編み地を編むなど、いろいろな使い方ができて便利。柔らかな材質のコードで様々な大きさの輪が編める(マジックループ p.41参照)もの(B-1)、コードと棒針部分が別売りのつけ替え輪針(B-2)などがあります。40、60、80㎝の輪針を中心にサイズも豊富。経済的には「つけ替え輪針」がおすすめです。コードの長さを3種類(40、60、80㎝用)そろえれば、必要な号数の針先をつけ替えるだけでそれぞれのサイズの輪針として使えます。

※輪針サイズの選び方／編み地の円周に合わせてサイズを変えるのが基本。編む寸法より少し小さめを選びます。マジックループは80㎝の輪針を使用します。

C かぎ針

別鎖の裏山を拾う作り目、引抜きはぎなどに使用。糸の太さに合わせて号数を選んでください。

D 棒針キャップ　※写真はクロバーラボ製(p.96参照)。

編み目が落ちないよう、棒針の先につけておくものです。

E はさみ

切れ味がよく、できれば研ぎ直しができるものを。

F とじ針

針先が丸いとじはぎ、糸始末用の針。糸の太さに合わせて選びます。

G 針刺し

中に油分の残る原毛を詰めると、針がさびにくいです。

H 編み出し糸

「別鎖の裏山を拾う作り目」の、別鎖を編むための糸。毛羽立ちの少ない綿糸を使っています。柔らかいので編み地への影響がほとんどなく、繊維が編み地に残りません。

I クリップ

輪編みする時に編み地にねじれがないのを確認して、作り目の始めと終りをとめます(ねじれ防止のため。p.38参照)。

J メジャー

時々編み地をはかり、寸法どおりに編めているか確認します。

K 段数マーカー　※右の2つはクロバーラボ製(p.96参照)。

編み目に印をつけるものです。目数リングとしても使えます。細糸には細めのマーカーを使うと編み地にひびきません。この本では、引返し編みに使う方法(p.73参照)も紹介しています。

L 物差し

ゲージをはかるために10～15㎝の長さが必要です。

M ニードルゲージ

それぞれの号数と同じ直径の穴があいています。穴に棒針を通して、針の号数を調べるために使います。

編み方のポイント

※写真はわかりやすいように糸の色を一部変えて解説しています。

【糸と棒針（輪針）の持ち方】

糸をどちらの手で持つかでフランス式とアメリカ式、2つの方法があります。ご自分の編みやすいほうで編んでください。

フランス式……糸を左手の人さし指にかけて編む方法です。10本の指が無駄なく合理的に動くので、スピーディに編めます。

アメリカ式……糸を右手で持つ、または人さし指にかけて編む方法です。多少糸の引きが強くなる傾向がありますが、編み目は比較的そろいやすいです。

【横に糸を渡す編込み方法／渡り糸の編みくるみ方について】

渡り糸が長くなる（約3cm以上）場合、着脱時に糸を引っかけたり、渡り糸の長さがわかりにくくなることがあります。そのため、適宜渡り糸を編みくるみながら編みます。目安として配色糸の間隔が7〜11目くらいの場合、渡り糸の中央あたりで編みくるむとよいでしょう（それ以上間隔があく場合は※を参照）。ここでの編み地は地糸を上、配色糸を下に糸を渡しながら編んでいます。

フランス式で編む場合

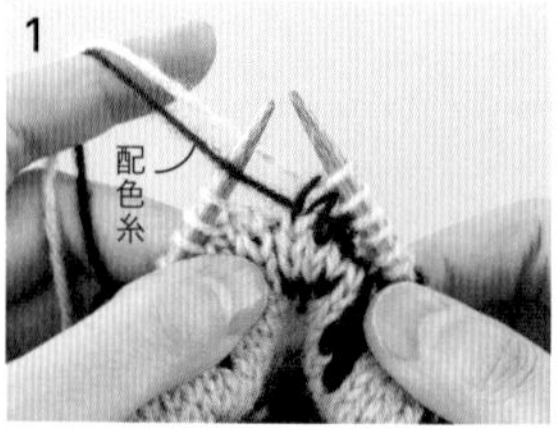

配色糸を左針の手前におく

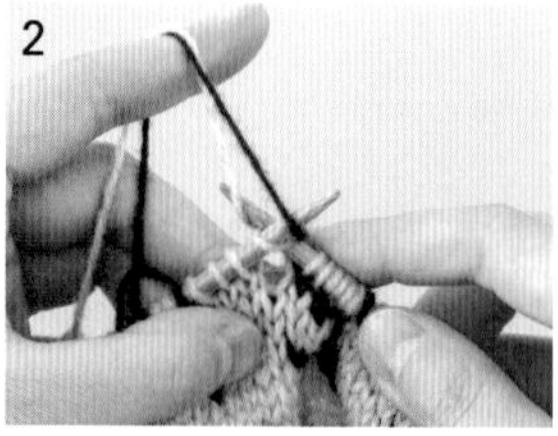

左の目に針を入れ、編む

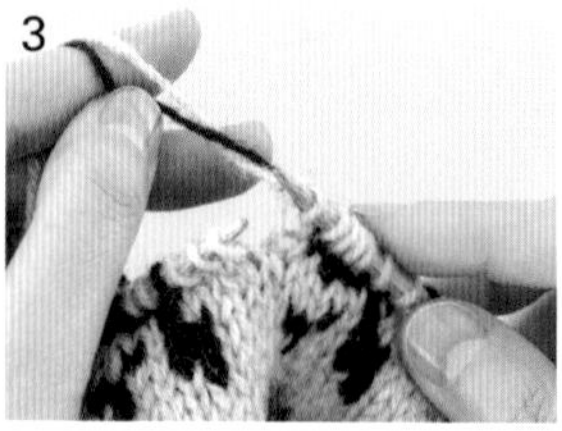

1目編めた。配色糸を手前に（下に下げながら）する

次の目を編んだところ

アメリカ式で編む場合

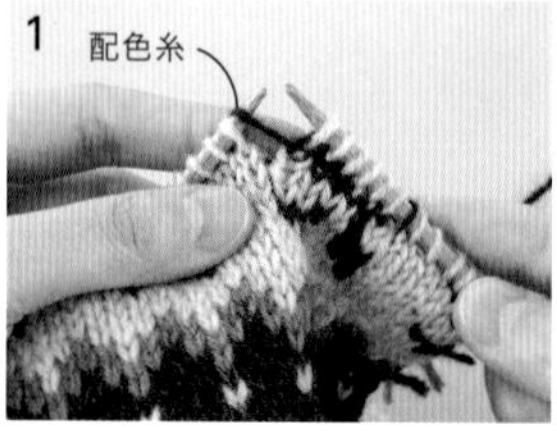

配色糸を左針にかけ、編み目にそわせる

左の目と左針にかけた配色糸を一緒に地糸で編む

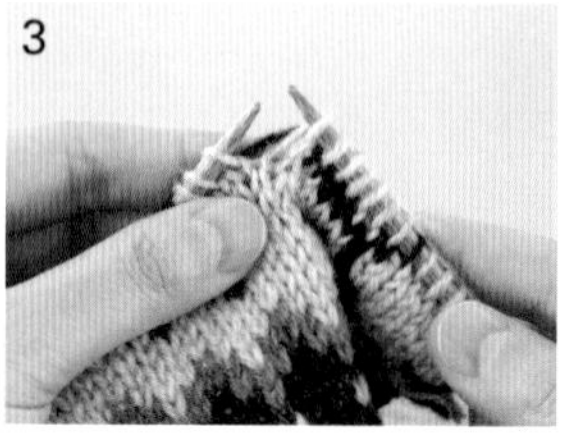

1目編めた

配色糸が地糸の手前にある

地糸で1目編む

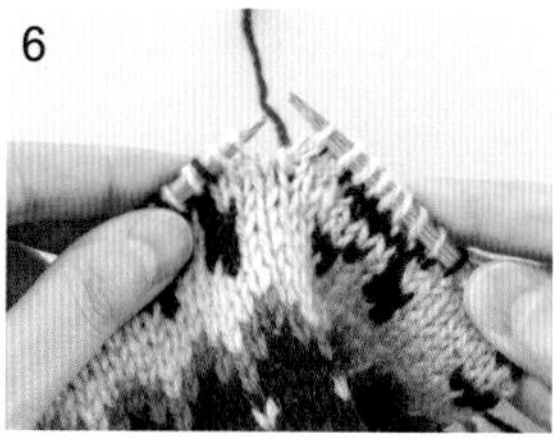

次の目が編めた

配色糸を編みくるんだ様子

※配色糸の間隔が12目以上の場合

渡り糸の中央を数えて探すのは大変なので、5目おきに編みくるんでもよい。

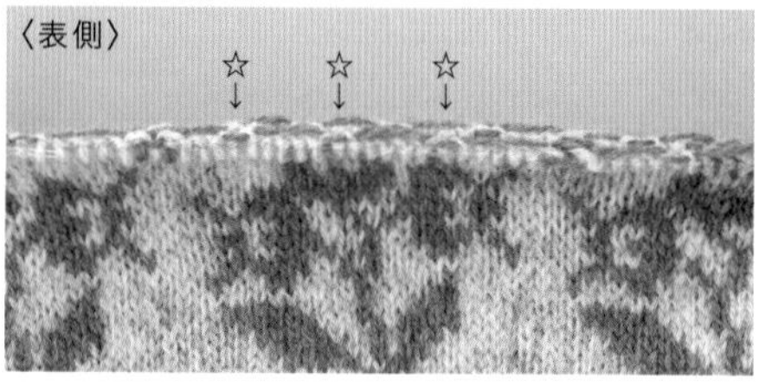

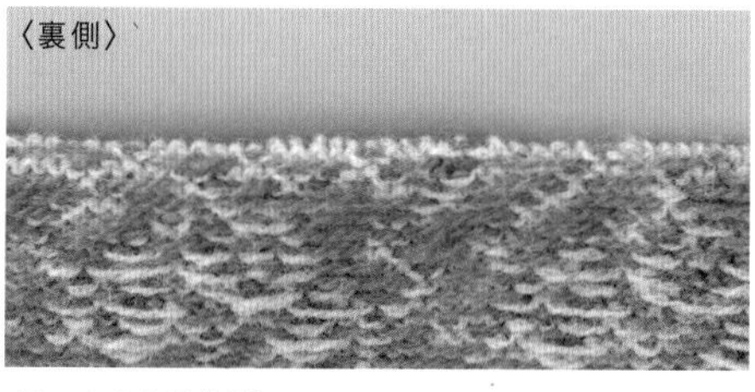

5目おきくらいに渡らせた糸を交差してかけてとめる（☆＝編みくるんだ位置）

【 渡り鳥のミトン(p.32、編み方p.86) 親指穴のあけ方、拾い方 】

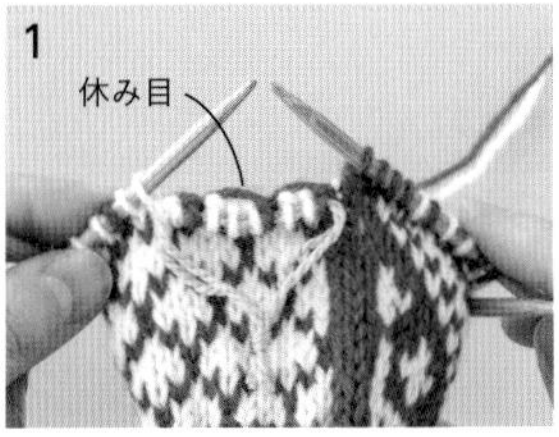

親指部分(9目)は別糸に通し、休ませる

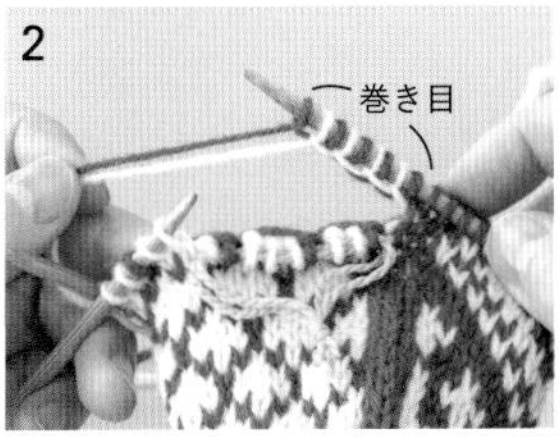

地糸(マリンブルー)、配色糸(きなり)の順で巻き目を9目作る

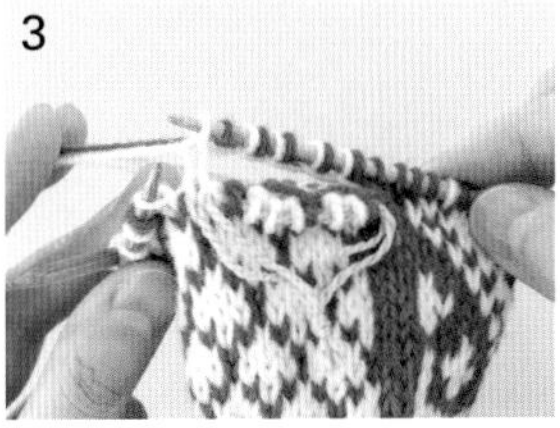

巻き目から続けて1目編んだ状態。親指部分の穴ができる

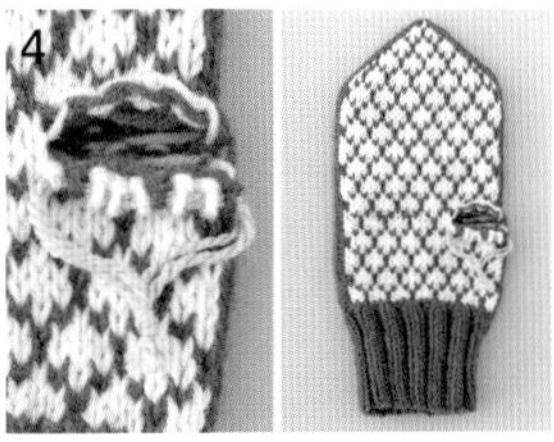

続けて輪で最後まで編む。ミトン全体はこのような形になる

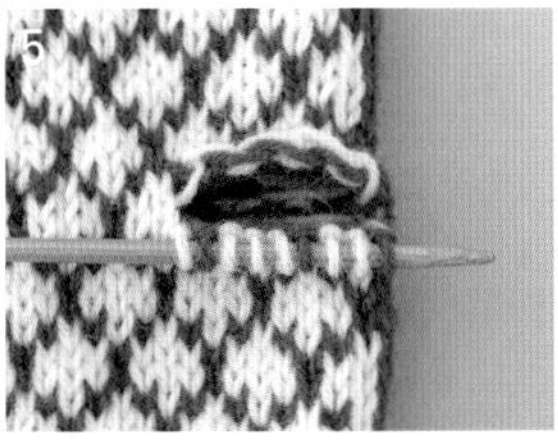

親指を編む。別糸に通した休み目を針に戻す

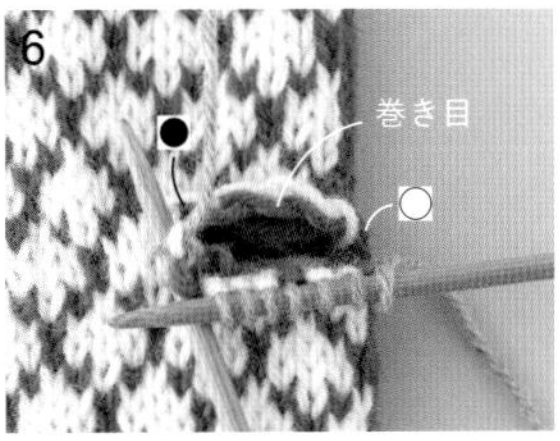

糸をつけて表目を編む

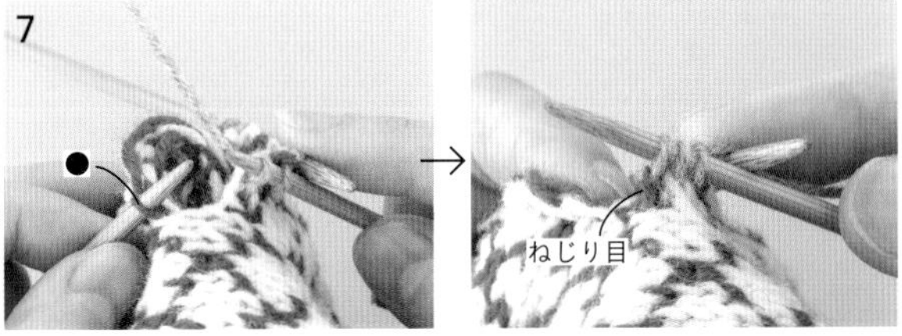

角(●)で渡っている糸(巻き目の最後の渡り糸)を写真にように拾い、ねじり目を1目編む

巻き目部分も続けて拾う。拾い方は巻き目の目の中に針を入れ、糸をかけて拾い出す

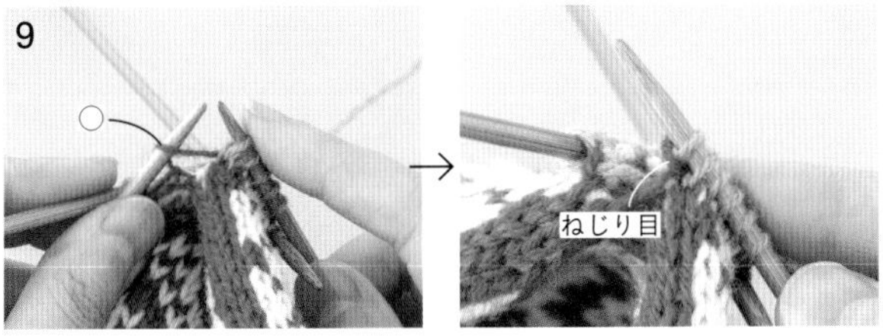

反対側の角(○)も7と同様に拾ってねじり目を1目編む

1段編めたところ。親指は輪で最後まで編む

【 カシミヤクルーネックカーディガン(p.20、編み方p.71) 】

前立てと前端の寸法が合わない場合のとじ方

前立ては指定の段数で合わせず前端の長さに合わせて段数を増減し、まち針(合い印)を合わせてとじます。

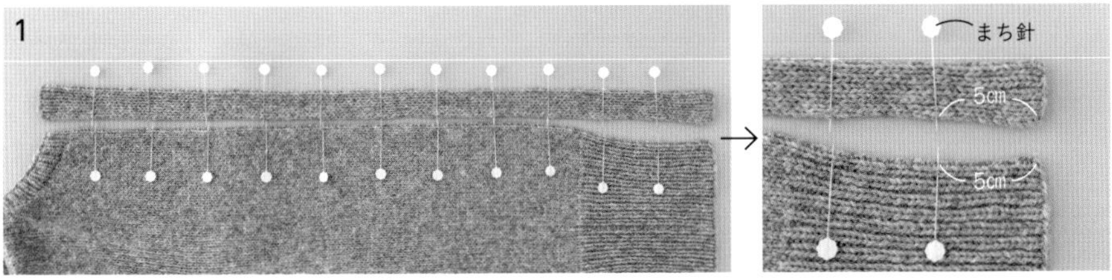

前立てと前端に5cm間隔でまち針をとめ(合い印)、写真のように並べる

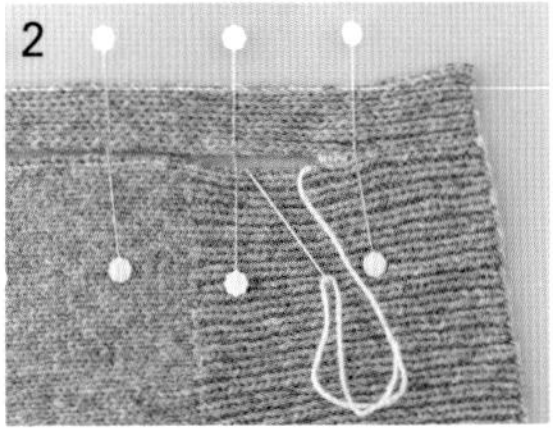

すくいとじでまち針(合い印)どうしがずれないよう適宜段数を調整しながらとじる

ボタンホール(無理穴)のあけ方

指で編み地に穴(ボタンホール)をあけ、かがる方法です。後から好みの位置にボタンホールを作ることができます。伸縮があり、比較的目立ちにくいボタンホールです。

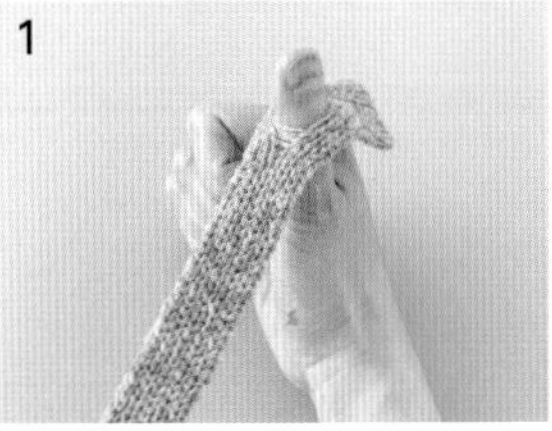

ボタン穴をあける位置に指を入れ、編み地に大きめな穴を作る

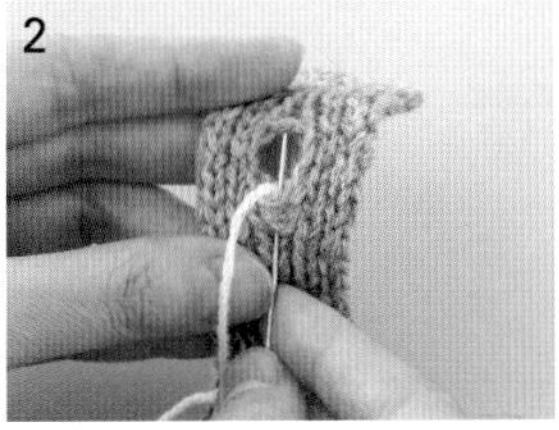

共糸をとじ針に通し、下側に渡っている糸2〜3本を2回くらいかがる

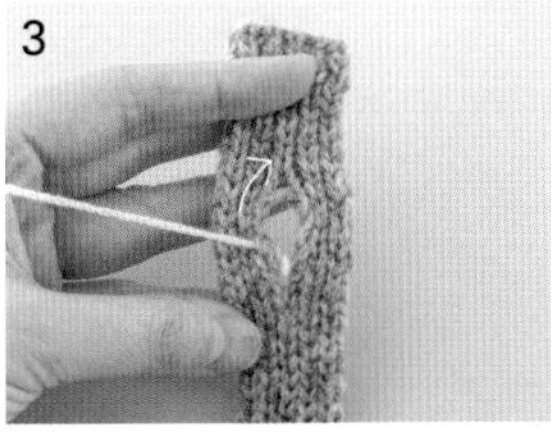

糸を端の編み地に通して上側に渡す。上側も同様にかがる

最後は糸を端の編み地に通して下側に渡し、始末する

【 Gotland's flowerベスト(p.14、編み方p.62) 】

※写真はわかりやすいように糸の色を一部変えて解説しています。

作り目して輪にする

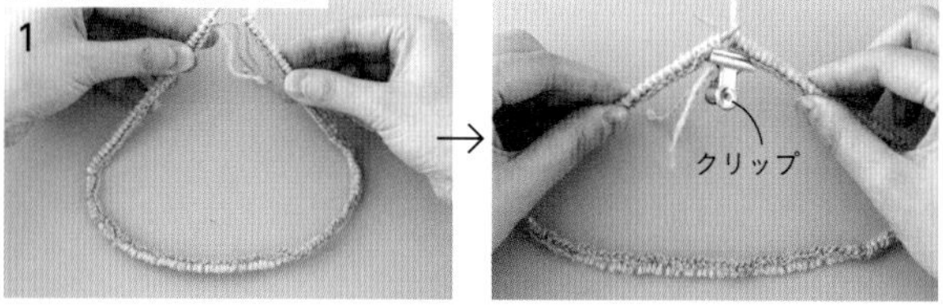
1
クリップ

別鎖の裏山を拾う方法で作り目する。作り目がねじれていないことを確認してから、別鎖の最初と最後をクリップでとめる(編み途中で輪がねじれるのを防ぐため。10段くらい編めたらはずす)

スティークを編む

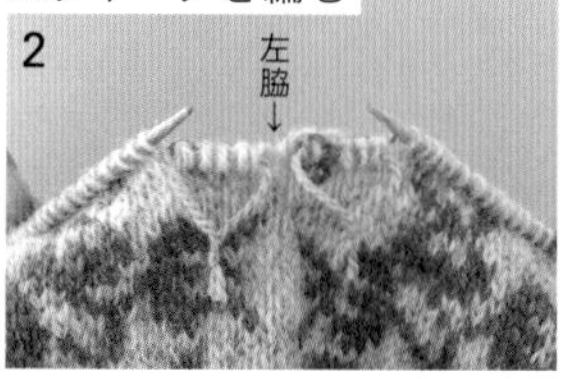
2
左脇

編込みを輪で編んでいく。袖ぐりの手前の段まで編んだら、左脇の休み目位置に指定の目数を別糸を通して休ませておく

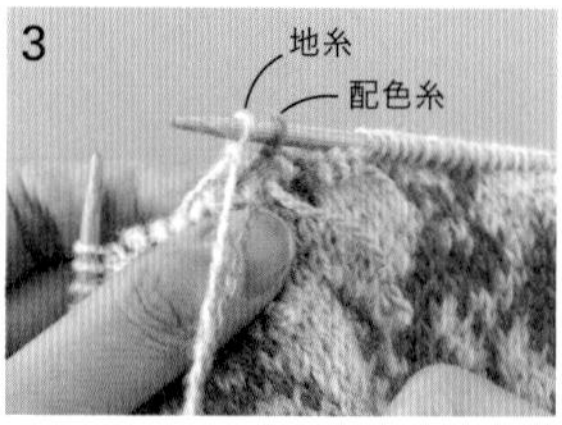
3
地糸
配色糸

地糸と配色糸で「引き解け結び(p.40)」を作り、右針にかける

4

配色糸で巻き目を1目作る。続けて地糸、配色糸、地糸と交互に巻き目を作る

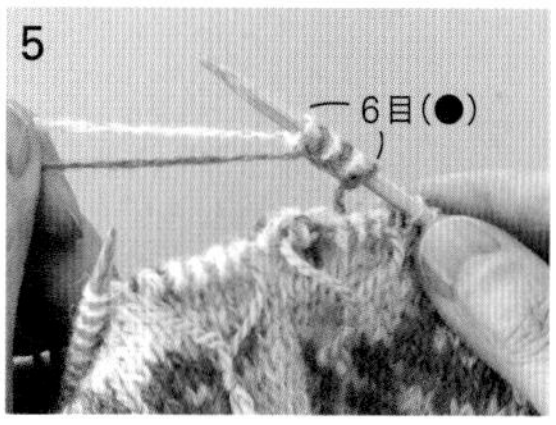
5
6目(●)

全体で6目(●)になる(引き解け結びの2目分も含む)。続けて前身頃を編込みで右脇まで編む

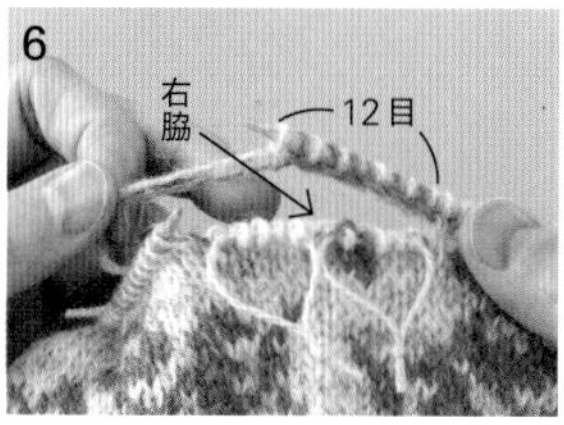
6
右脇
12目

右脇も同様に休み目する。地糸、配色糸の順で交互に巻き目を6目、配色糸、地糸の順で交互に巻き目を6目、計12目作る(中央は配色糸が2目続く)。右袖ぐりのスティーク12目の作り目ができた

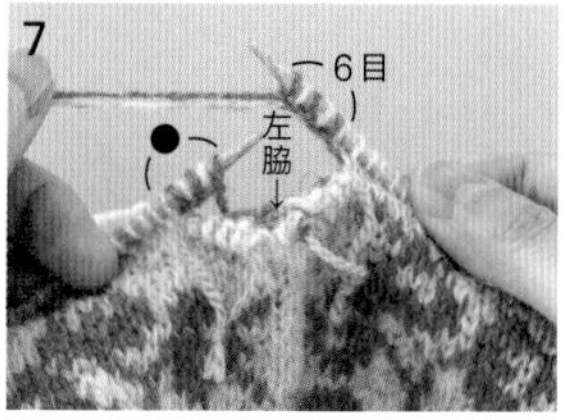
7
6目
●
左脇

続けて後ろ身頃を編込みで左脇まで編む。同様に地糸、配色糸の順で交互に巻き目を6目作る。左袖ぐりのスティーク12目の作り目ができた

袖ぐりの減し目

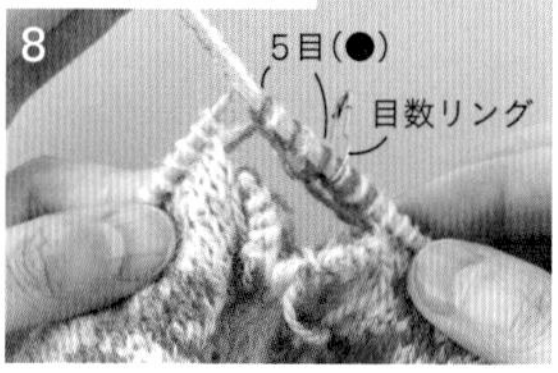
8
5目(●)
目数リング

段数マーカー(目数リング)をつけ、2段めを編込みで編む。●部分を5目めまで編む

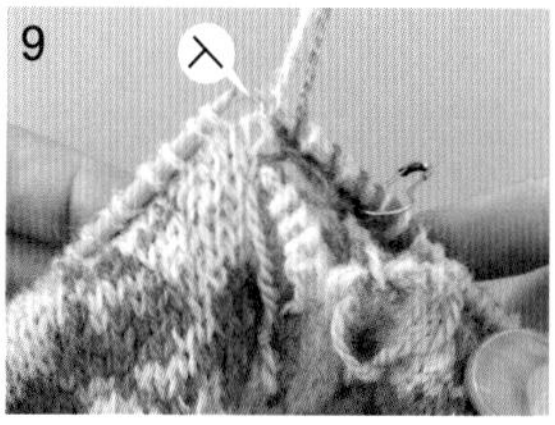
9

●部分(スティーク)の6目めと前身頃1目めで右上2目一度を編む。続けて前身頃を編込みで右脇まで編む

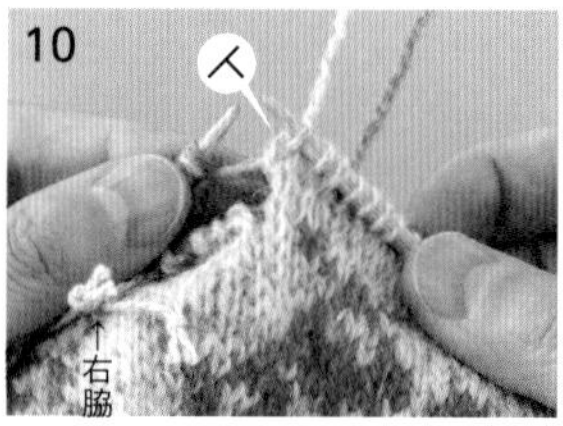
10
右脇

前身頃最後の1目と右脇スティークの1目めで左上2目一度を編む。右袖ぐりのスティークを10目編込みで編む

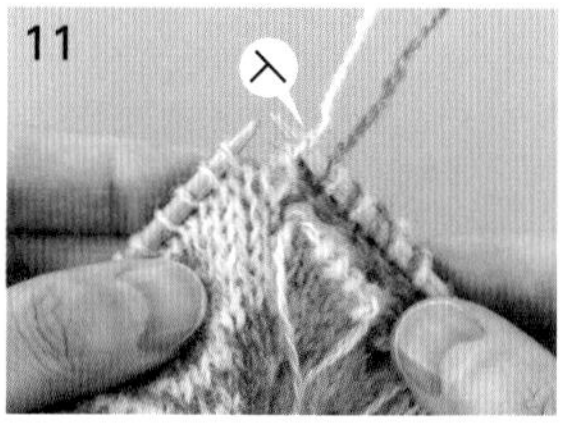
11

右袖ぐりのスティーク12目めと後ろ身頃1目めで右上2目一度を編む。続けて後ろ身頃を編込みで左脇まで編む。左脇も**10**を参照し、後ろ身頃最後の1目と左袖ぐりのスティークの1目めで左上2目一度を編む。続けて輪で編込みを編む

肩、スティークをはぐ

12

輪で編んだ状態。衿ぐりは**6**を参照しスティークを編む。段の境で左右に分けて、反対側の袖ぐりスティーク中央で輪針のコードを引き出し、前後身頃の目を分けておく

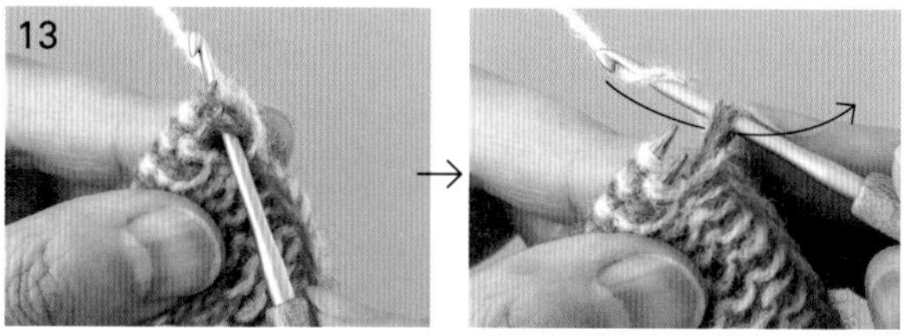
13

編み地を中表にし、前後身頃を重ねる(後ろ身頃を手前に持つ)。かぎ針に前後の端の目を1目ずつ移して、目立ちにくい色糸(この場合は地糸)で引抜きはぎする

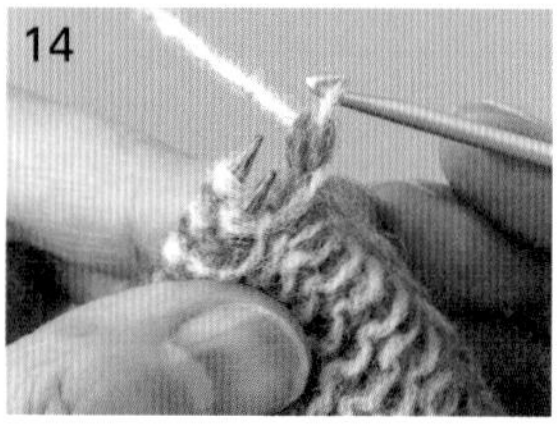
14

引抜きはぎを1目編んだところ

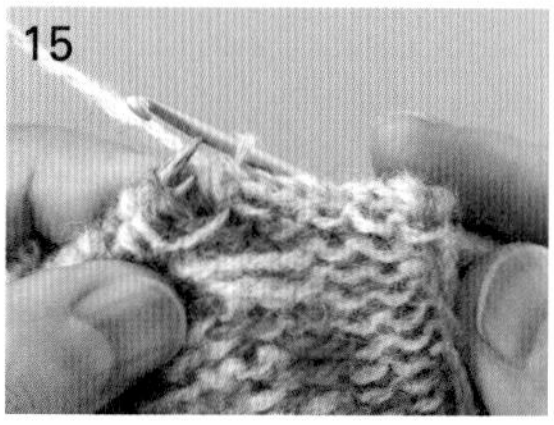
15

同様に編み地の端まで引抜きはぎする(袖ぐりスティーク、肩、衿ぐりスティーク、肩、袖ぐりスティークの順にはぐ)

後ろ身頃裏側

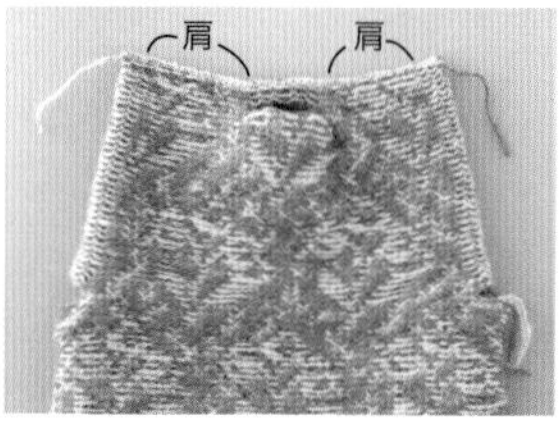
肩
肩

前身頃表側

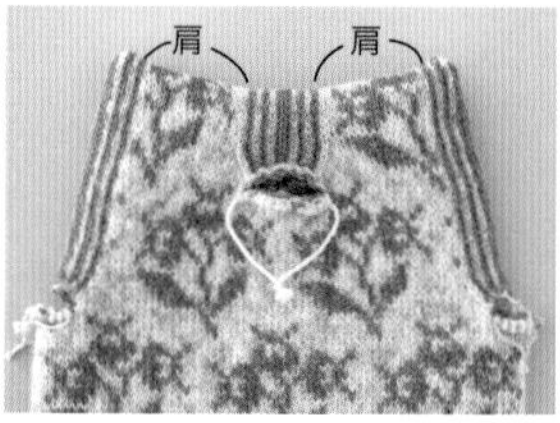
肩
肩

前準備として、スティーク部分にスチームアイロンをかけておくと、編み地を切った時ほつれにくくなる。

スティークを切る

16

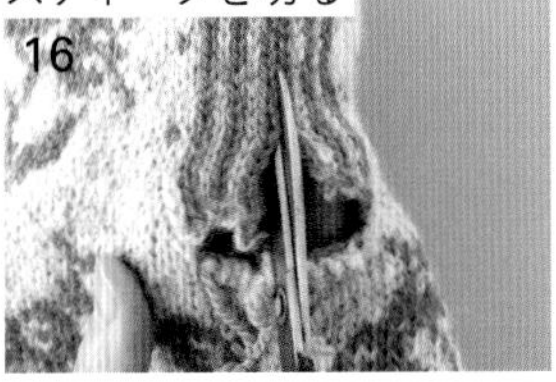

袖ぐりのスティークの中央(配色がつながっているところ)にはさみを入れて切り開く。衿ぐりも同様に切り開く

17

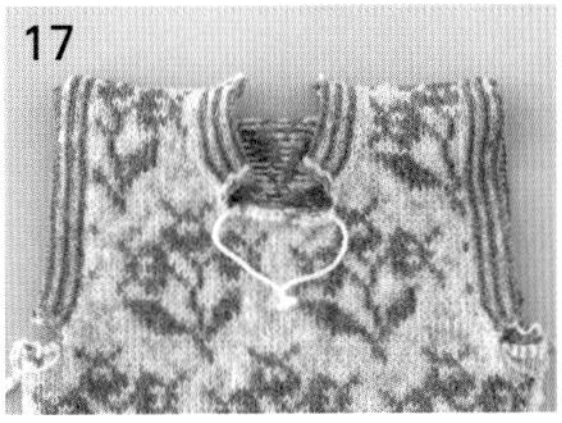

左右の袖ぐり、前後衿ぐりを切り開いたところ

縁編みの拾い方

18

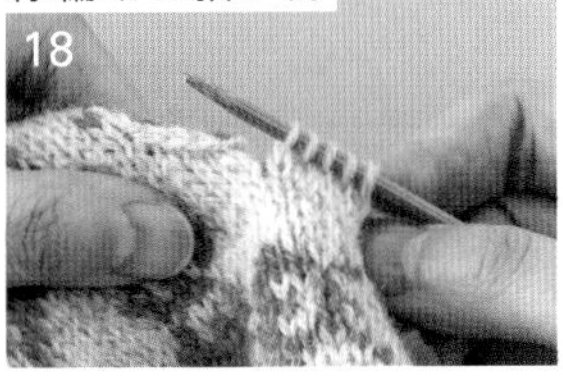

別糸に通した袖ぐり下の前身頃側の休み目を針に戻し、糸をつけて表目で編む

19

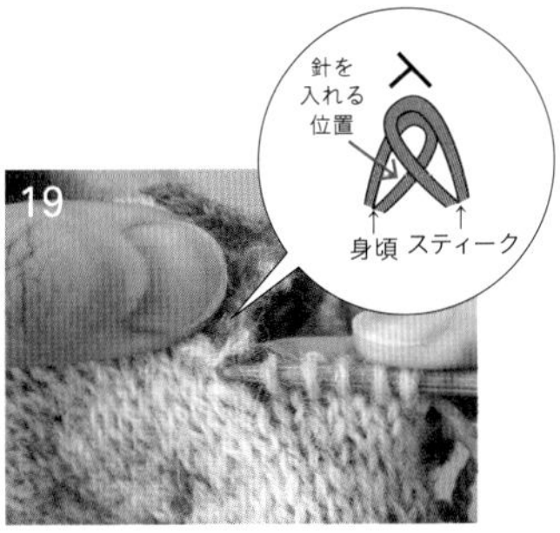
針を
入れる
位置
身頃
スティーク

9の工程で2目一度を編んだ身頃側の目に針を入れ、糸をかけて引き出す

20

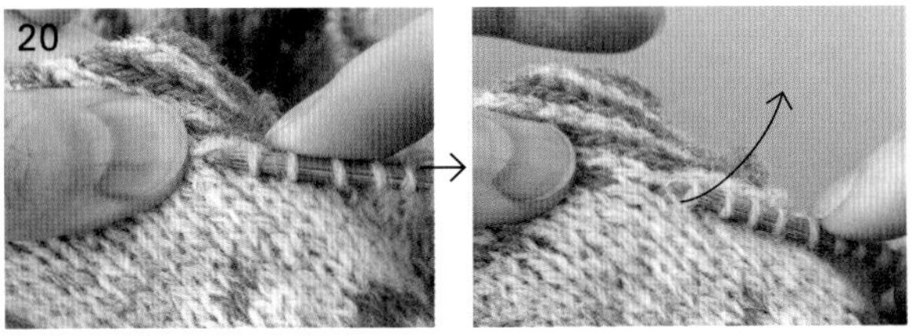

2目一度を編んだ部分は同様に身頃側の目に針を入れ、糸をかけて引き出す

21

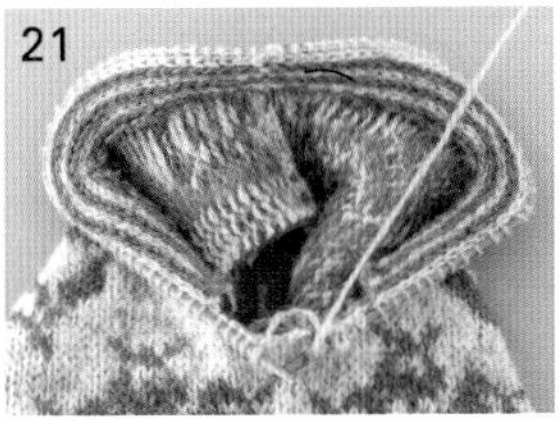

左袖ぐりが1段拾えた。続けて2目ゴム編みを指定の段数編み(2段めで目数を減らす)、2目ゴム編み止めをする。右袖ぐり、衿ぐりも同様に編む(衿ぐりは後ろ衿ぐりの左側の最初の減目から拾い始める)

スティークを処理する

22

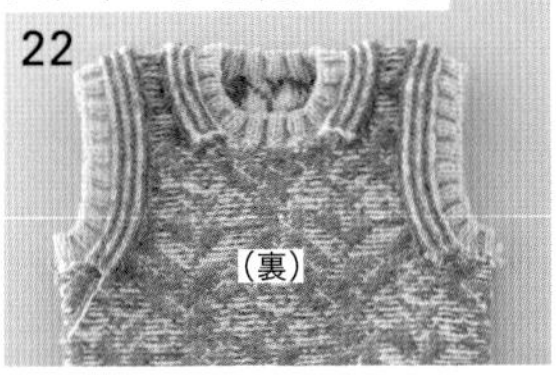
(裏)

2目ゴム編み止めをした状態。スティークが裏側に出ている

23

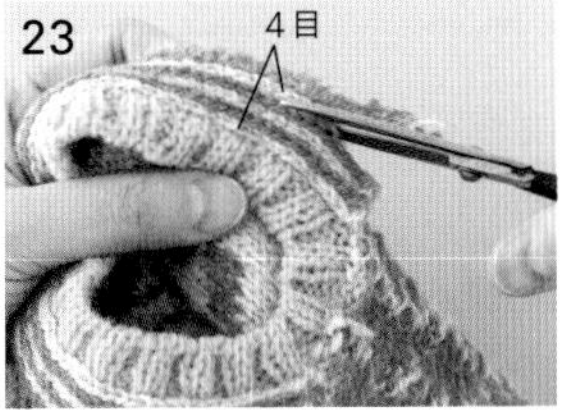
4目

スティークは裏側で4目分残して切る

24

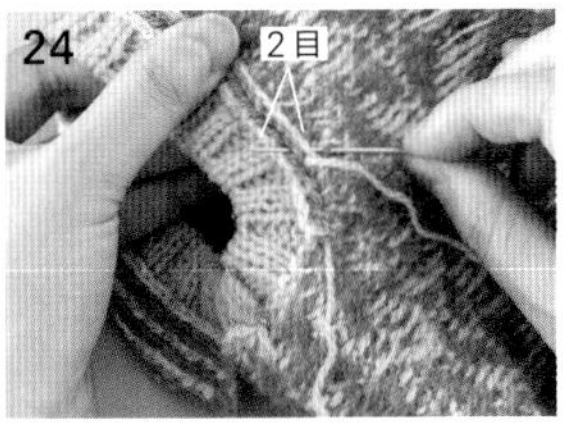
2目

2目分を内側に折り込む。表にひびかないように目立たない色の糸で 糸端は10cm残してまつる。衿ぐりも同様にまつる

25

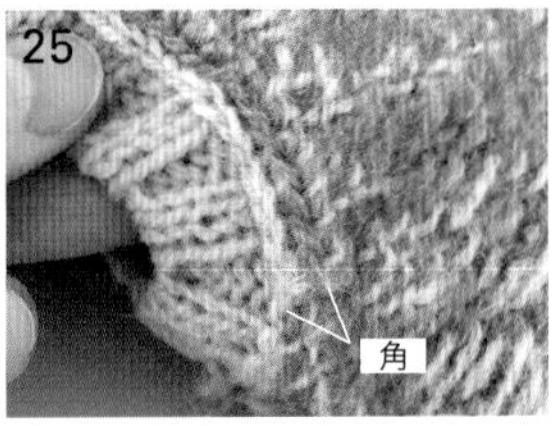
角

残した糸端で角もまつる

【イギリスゴム編みの帽子(p.33、編み方p.86)】

指でかける作り目

親指側にかける糸を2本どりにする方法です。

1

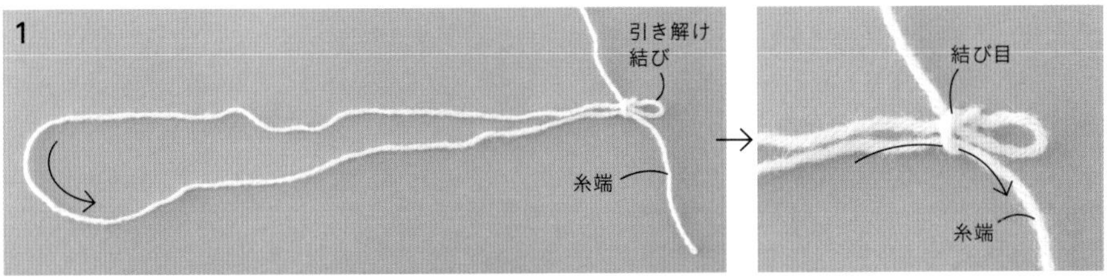
引き解け
結び
糸端
結び目
糸端

輪を作り、引き解け結び(p.40)をする。糸端を結び目の中に入れ、結び目を締める

※糸端は二つ折りするので通常(出来上り寸法の約3倍)の長さの倍(作品は約3m)の長さを残して結ぶ

2

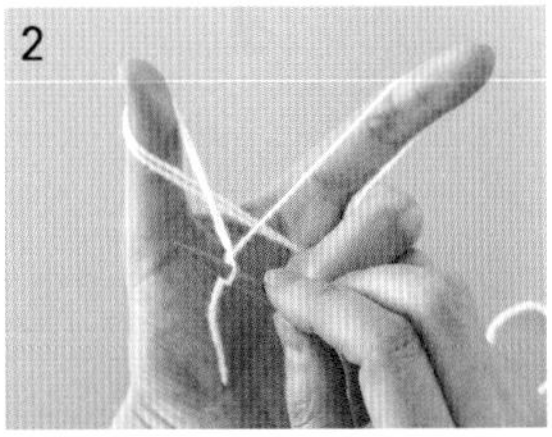

目に針を入れ指に糸をかける。親指側が2本どりになっている状態で「指でかける作り目」をする

3

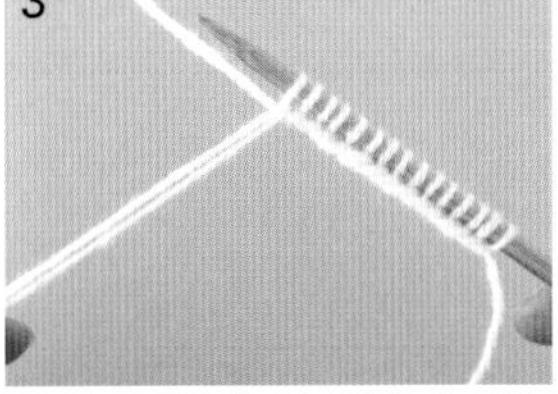

作り目した状態。2本どりにすることで作り目の端に厚みが出てしっかりする

アメリカ式で編む場合のイギリスゴム編みの編み方

フランス式はp.88の記号図を参照して編みます。

1

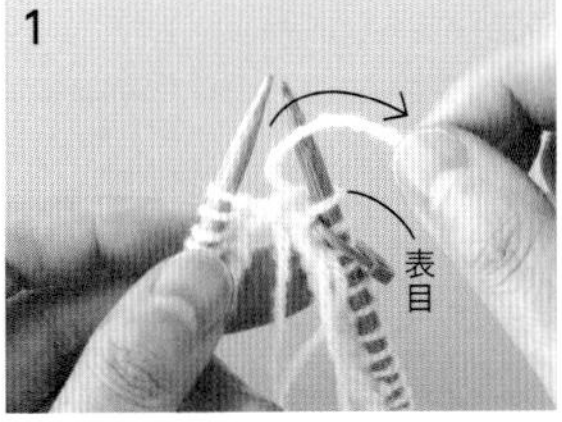
表目

2段めまでp.88の記号図を参照し編む。3段めは段数マーカー(目数リング)を入れ、表目を1目編む。糸を手前側におく

2

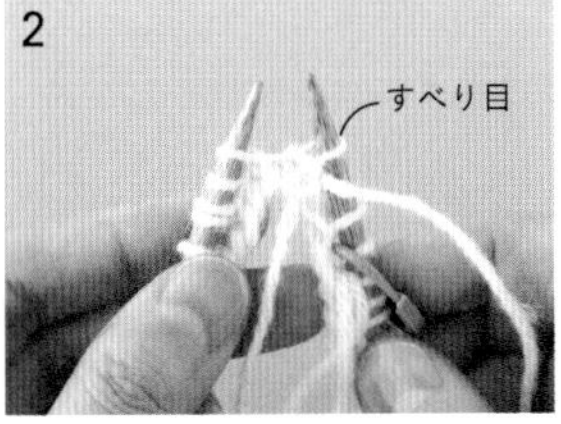
すべり目

すべり目する

3

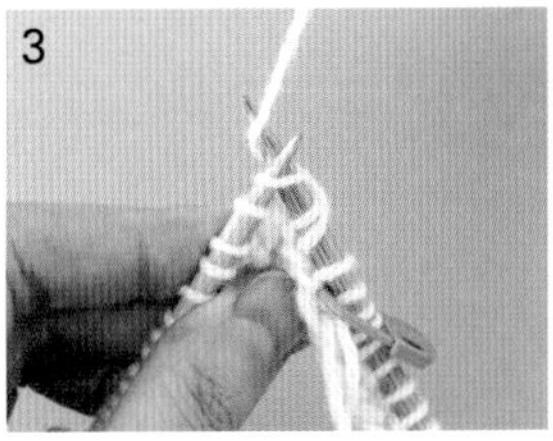

表目を1目編む

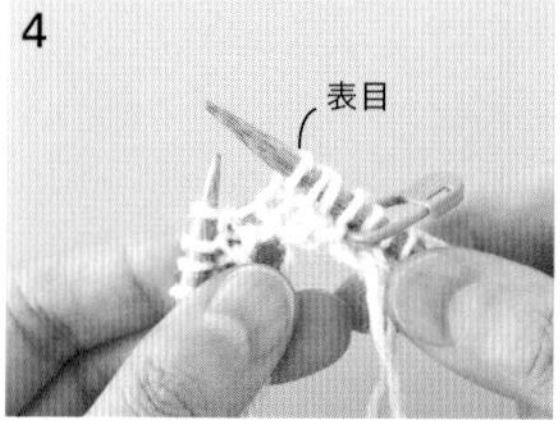
4
表目

表目が編めた。1で手前側においた糸が自然と右針にかかり、かけ目のようになる。1〜3を繰り返す

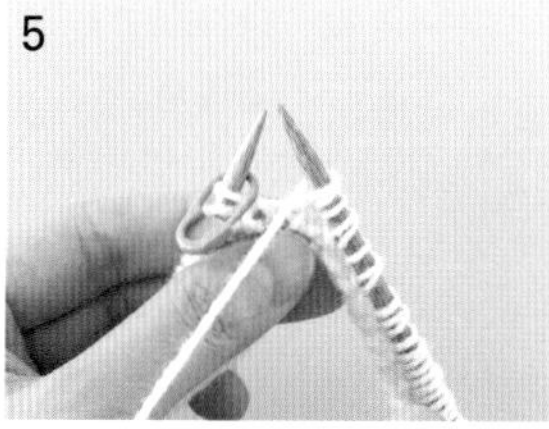
5

3段めの最後は糸を手前側に置く

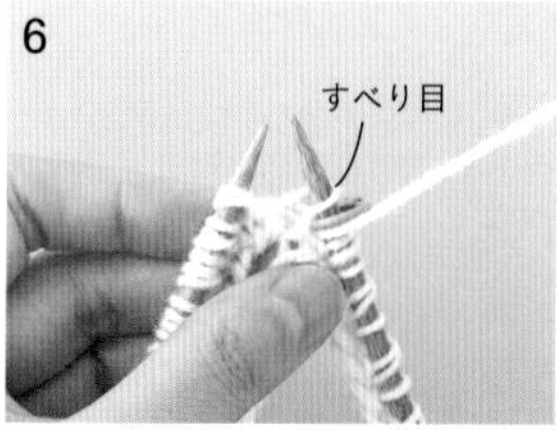
6
すべり目

4段め。すべり目する

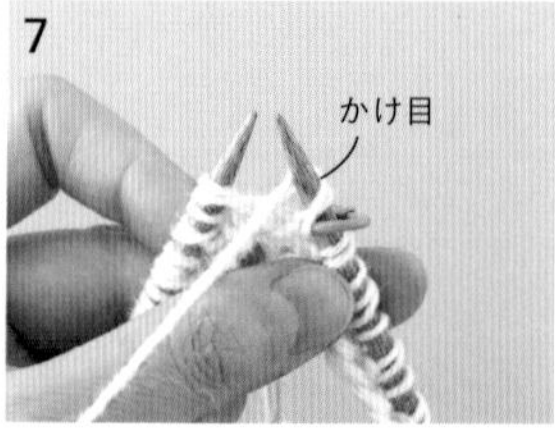
7
かけ目

かけ目する

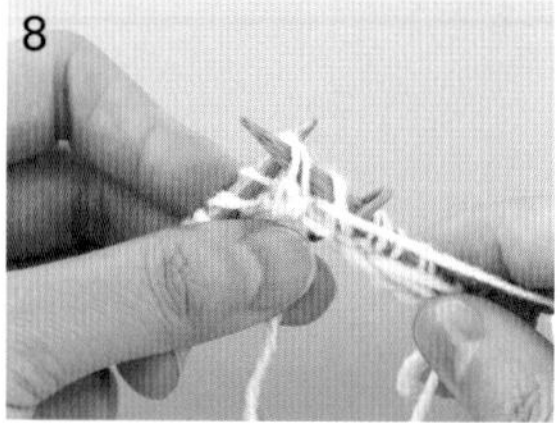
8

裏引上げ目を編む(この状態で裏目を編むと、自然に裏引上げ目になる)

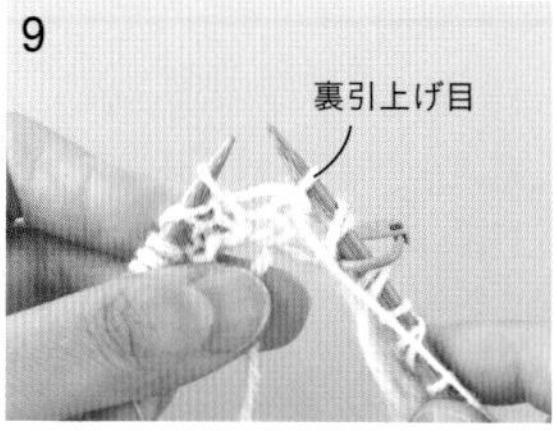
9
裏引上げ目

裏引上げ目が編めた。6〜8を繰り返す

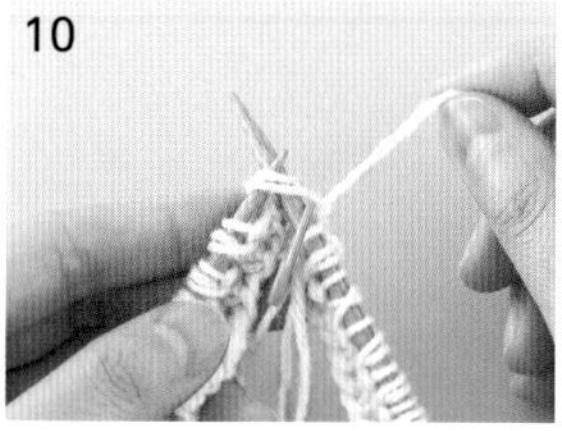
10

5段め。表引上げ目を編む(この状態で表目を編むと、自然に表引上げ目になる)

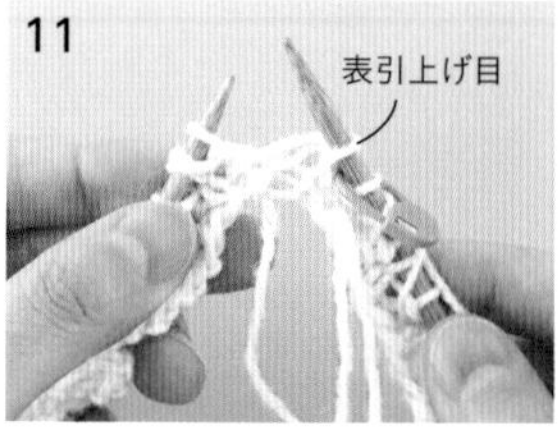
11
表引上げ目

表引上げ目が編めた

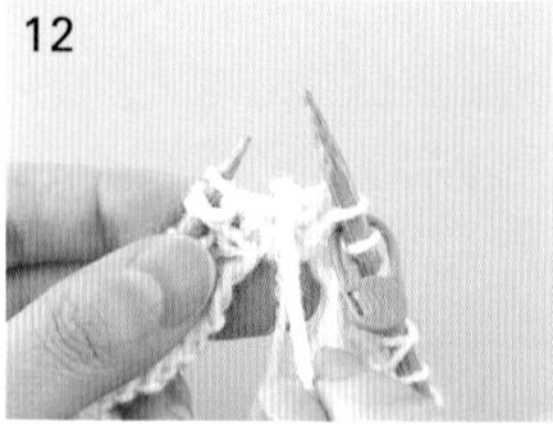
12

糸を手前側におく

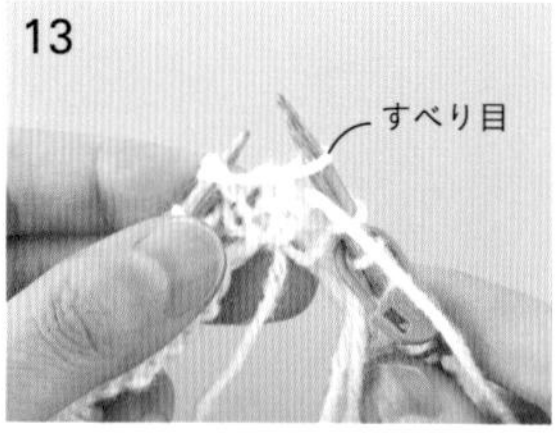
13
すべり目

すべり目する

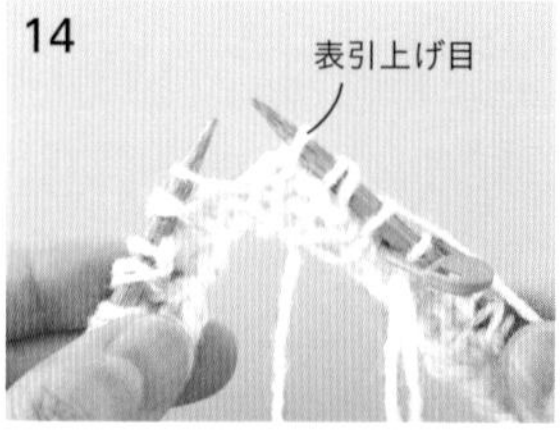
14
表引上げ目

表引上げ目を編む。12〜14を繰り返す

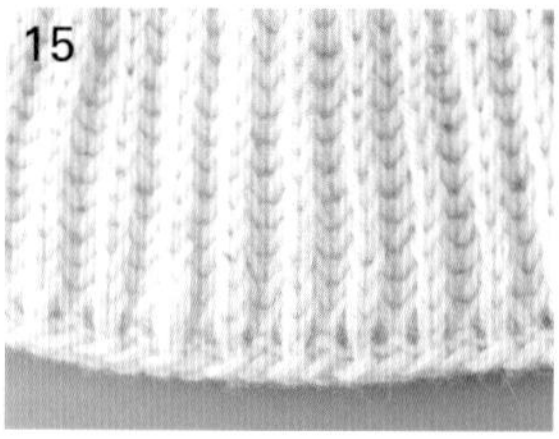
15

4、5段めを繰り返して編む。厚みのあるゴム編みが編める

【引き解け結び()と編み地の端の増し方】

袖ぐりや衿などのはぎ代やとじ代分、ゴム編みの両端を補うために1目増やす方法です。ここでは直線の袖つけ位置を例に解説しています。

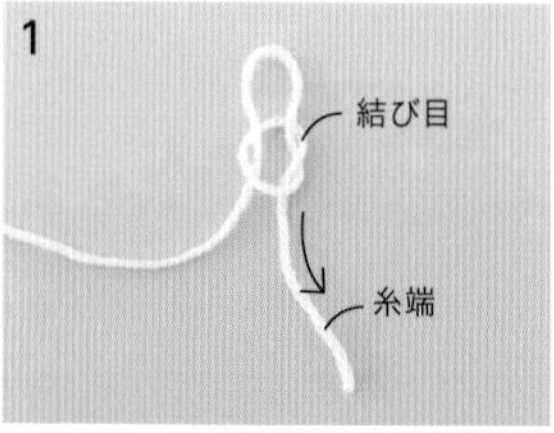
1
結び目
糸端

輪を作り結ぶ。糸端側を引いて結び目(引き解け結び)を引き締める

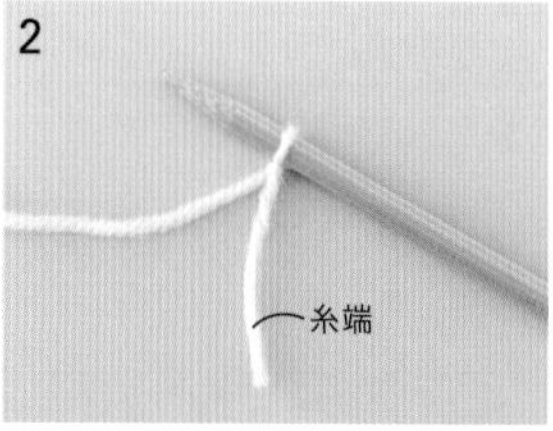
2
糸端

輪を針にかける

※「指でかける作り目」の始めの1目めもこの方法で作り目をする

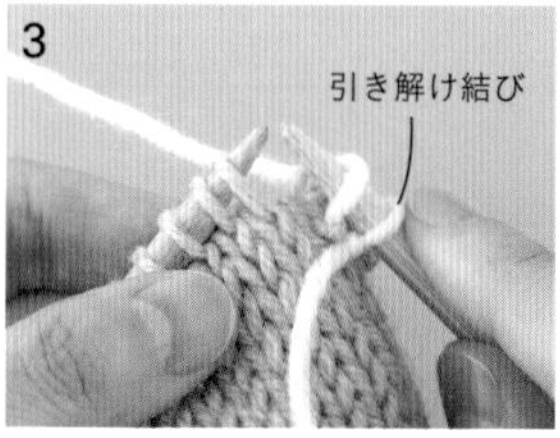
3
引き解け結び

まちは休み目。身頃の編み地を続けて編むと右側が1目増える

4

左端は巻き目を作る。反対側のまちも休み目

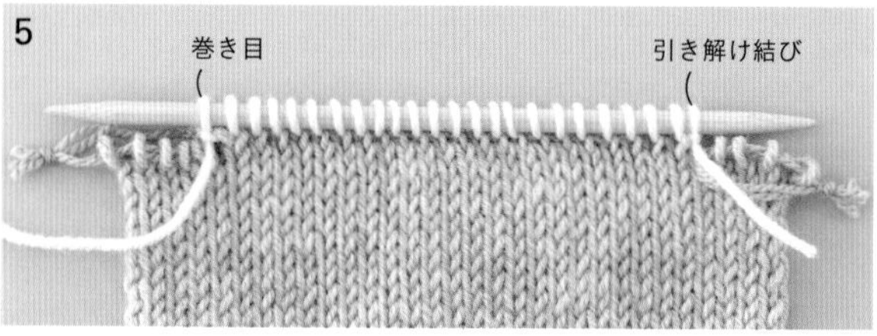
5
巻き目
引き解け結び

左右に1目ずつ増えた

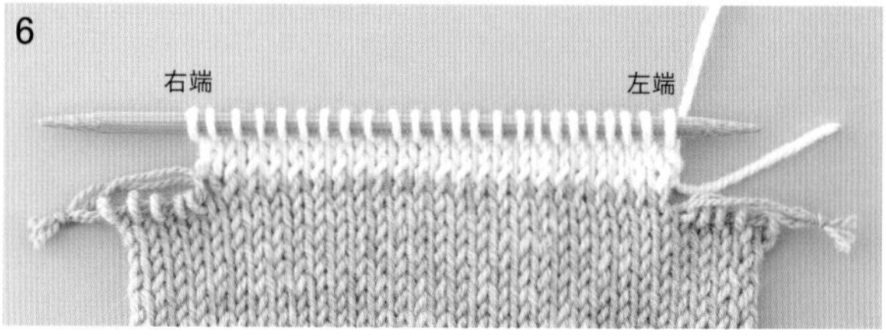
6
右端
左端

続けて編んだ状態。1目増えたことではぎ代分(または袖を拾い出すための目)ができる

【 輪針で往復編みする方法 】

棒針同様、編み地を裏返しながら編むことで平らな編み地が編めます。目数が多い時に便利。

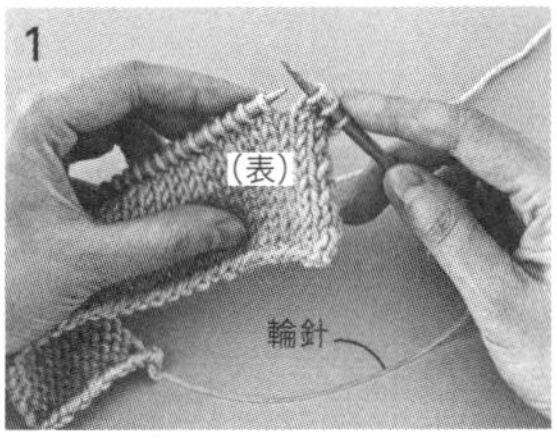

棒針と同様に編み地を左におき、編む

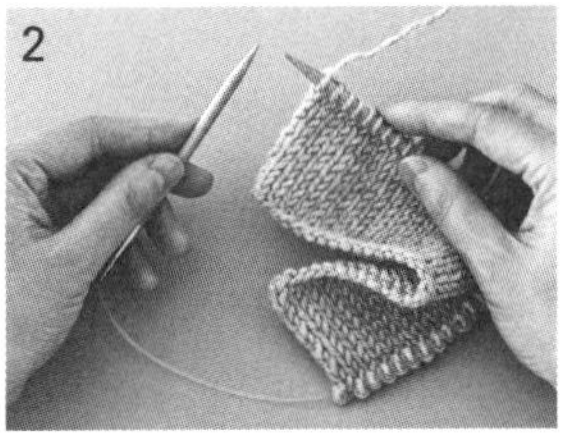

端まで編めた。右側に編み地がくる

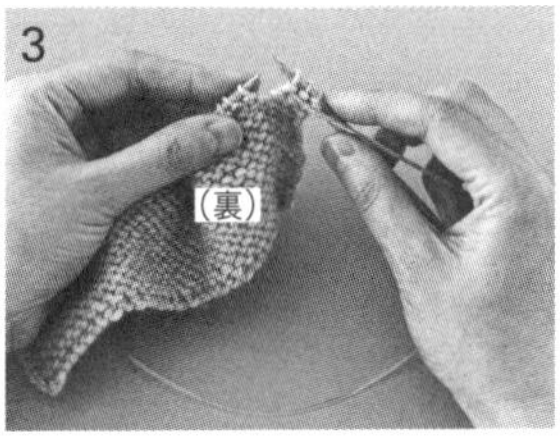

編み地を輪針ごと裏返す。編み地が左にくるので棒針と同様に編む

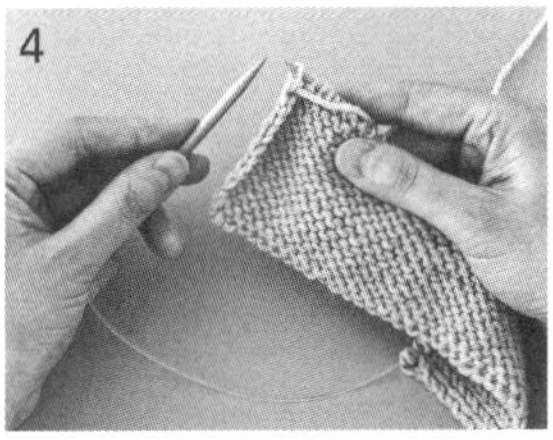

端まで編めた。同様に編み地を針ごと裏、表と返しながら編む

【 マジックループで編む方法 】

短いコードの輪針や4本、5本棒針を持っていなくても袖口などの細い筒状の編み地を編むことができる方法です。80㎝の輪針1本でウェアから小物まで様々なサイズの輪編みができます。できるだけ柔らかいコードの輪針を使ってください。

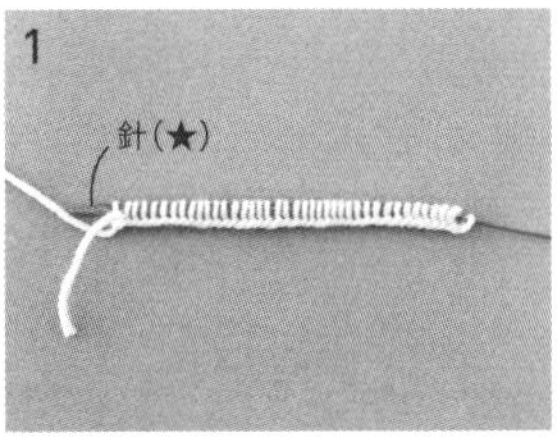

輪針の針1本(★)で「指でかける作り目」をする(1段め)

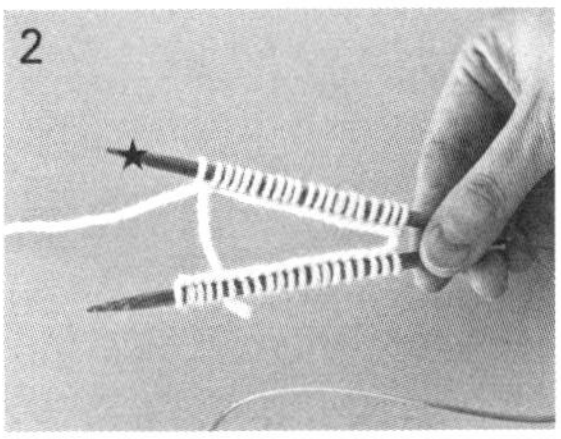

作り目を半分ずつに分ける。以降、常に編み地の手前側が表になるように針を持つようにする

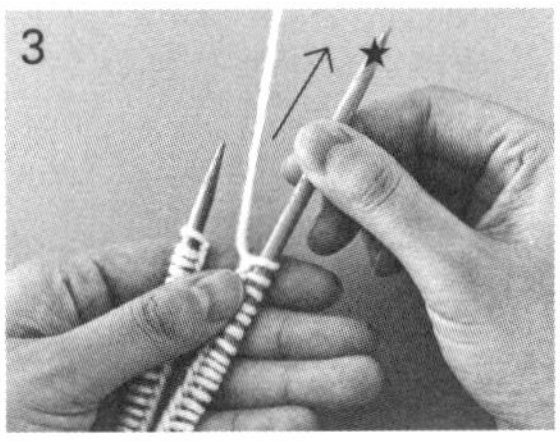

編始め側(★)の針を引き出す

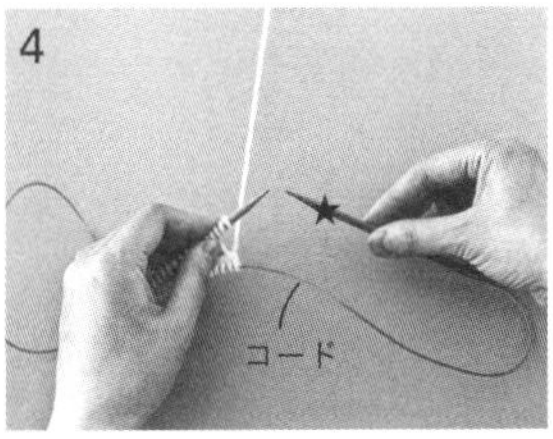

半分の作り目の目をコードに移動させ、写真のように左手で編み地を持ち、左右に針を持つ

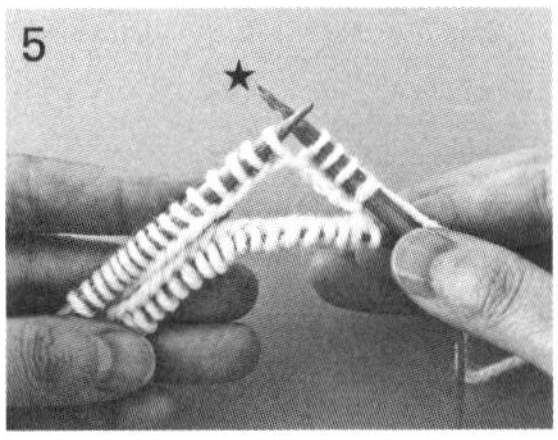

2段めを編む。最初の目は糸を引きぎみに編む。写真のように右手で針とコードを持ち、目がねじれないように半分まで編む

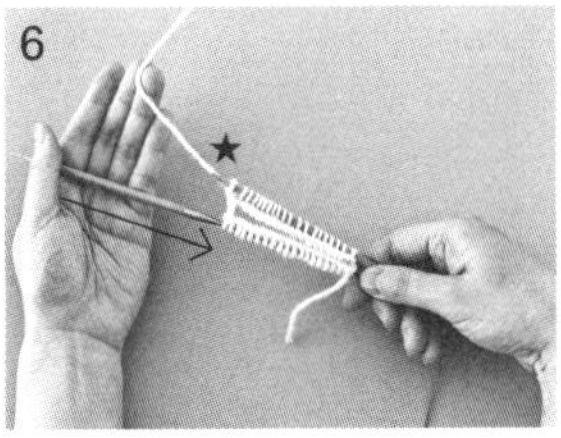

2段めの半分の目まで編んだら、コードにある目を左手で持っていた針に移動させる

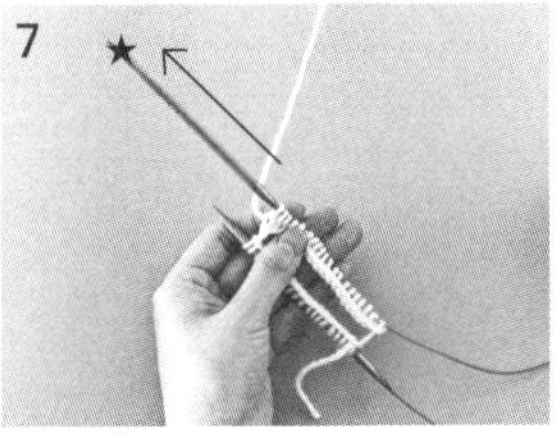

もう1本の針(★)を引き出す

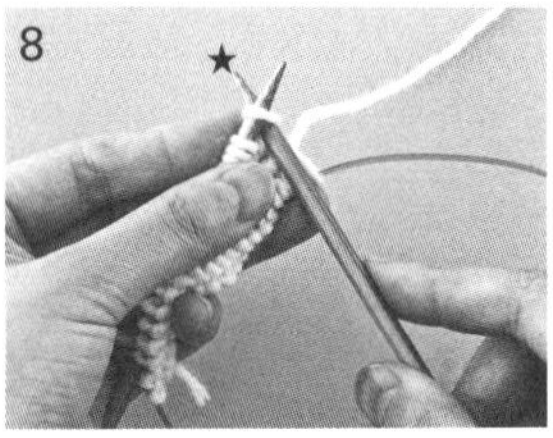

4と同様に左右の針を持ち、残りの半分の目を編み、2段めを編み終える

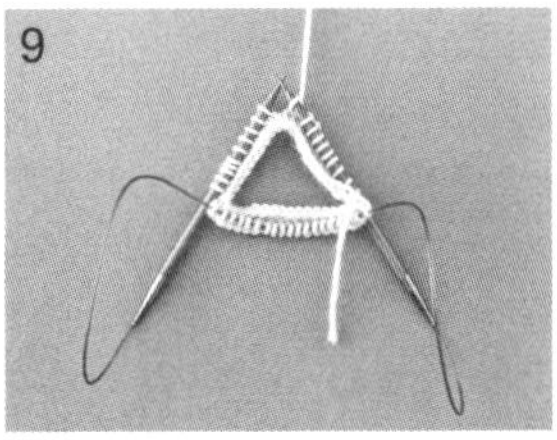

3段め以降は3〜8を繰り返して編む

【 衿ぐり、袖ぐりの伸びどめの方法 】

裏側に引抜き編みを編むと、ある程度寸法を固定できます。
着用時の編み地の伸びや形くずれを防ぎます。

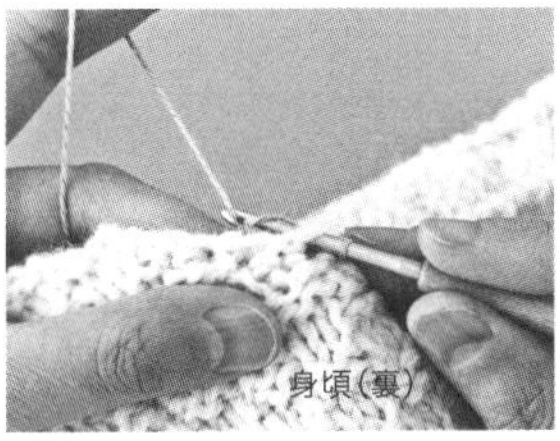

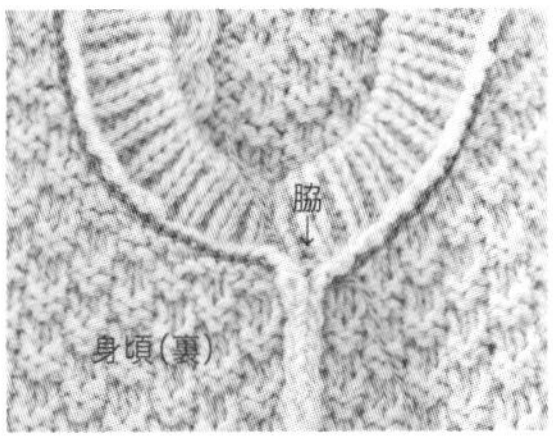

身頃の裏側から、端の1目と2目の間をかぎ針で引抜き編みで編む。糸は作品で使用している糸の太さよりも細いもの、色は同色か目立たない色を使用する(写真はわかりやすいように糸の色を変えている)

着心地のよいニットを作るために

【作り目について】

棒針編みでは、針に編み目がかかった状態を1段と数えます。ですから、作り目＝1段、と数えてください。ここでは本書に出てくる2種類の作り目について説明します。

・指で針にかける作り目

右手に棒針を、左手に糸を持ち、指で糸を針にかけながら作り目する方法です。作り目する際の針の号数は、2段め以降を編む針の号数より1号太くするとよいでしょう。2本の棒針を一緒に持ち、作り目する方法もあるようですが、作り目が大きくなりすぎる傾向があります。

裾や袖口の縁編みから編み始める、または縁編みの中に身頃に続く模様編みが入っているもの、技術的に編みやすさを優先させたい場合、そしてゲージもこの方法で作り目しています。適度な伸縮があり、いろいろな編み地の作り目として使えます。縁編みがゴム編みの場合、ゴム編みの作り目もありますので、好みで使い分けてください。

・別鎖の裏山を拾う作り目

別糸で鎖編みを編みその裏山を拾って作り目する方法です。鎖編みを編むかぎ針の号数は、棒針の号数＋2/0号が目安(手加減によって異なる)になります。作り目の後、鎖編みの寸法が縮むので、ゆるめに編むことがポイントです。

身頃や袖を編み終えて、全体のバランスを見ながら縁編みの丈を決めたい場合等、この方法で作り目します。ひと手間かかりますが、最後に縁編みの寸法を調整できること、長く着続けて縁編みがゆるくなったり、ほつれたりした部分を編み直したりする時は、この方法がやりやすいと思います。

【ゲージについて】

ゲージとは編み目の大きさを表わし、製図の寸法どおりに編むための基本になるものです。まずは指定の針の号数で、15～20cm四方の編み地を編み、裏側から、スチームアイロンを編み地に触れない程度に浮かせてかけます。編み地が冷めたら、編み目が安定している場所(編み地の端は除く)で10cmの目数・段数を数えます。何か所かで数え、平均値を出します。これがゲージになります(注：アラン模様などいくつかの模様編みを組み合わせている場合、模様によってゲージが変わるので、模様別の表記になる)。

記載されたゲージと違う場合、号数を変えて再度編みます(手加減だけで合わせようとするのは難しく、編み目が安定しないため)。編む人の手加減は、各人とても差があります。指定の号数と違っても、あまり気にしないでください。4号くらい違うことは普通にあると思います。糸に対して針が細いと糸割れしやすいですし、太いのも編みにくいのですが、しばらく編むうちに慣れてきます。針は、指定のゲージを出すための道具。作品を指定針で編まなければならない、ということはありません。作品の編み方には指定の針の号数で、とありますが、あくまでもゲージを出せる号数を基準に、と考えてください。

【指定サイズに編むために】

ゲージを合わせたら、作品を編み始めます。ウェアは、パーツを編む順番は特に決まっていません(※)が、後ろ身頃から編み始めるとよいでしょう。ゲージはいつも手もとにおいて、時々編み目の大きさを確認してみましょう。そして編み地が15～20cmほど編めたら、一度寸法を確認してみてください(※)。まず、アイロン台の上などの編み地が滑りにくい場所で、平らに広げます。その後、メジャーで身幅や丈をはかり、ゲージも確認します。ゲージが15～20cm四方の小さな編み地に対し、後ろ身頃の幅は50cm前後。幅が広い編み地を編むと、編むスピードが速くなり編み目がきつくなったり、編み目の高さが出にくい(丈が短くなる)ことがあります。逆に、ゲージが合うと安心して、編み目がゆるくなり寸法が大きくなることもあります。編み目の大きさは手加減だけでなく、その時々の気分によって、随分変わります。人間が編むのですから自然なことなのですが、編み目の大きさや寸法に意識を向けるだけでも、希望の寸法に近いものが編めるようになるのです。製図とほぼ同じ寸法に編めれば、そのまま先へ進みましょう。かなり差がある場合、下記の方法を試してください。

・身幅が狭い(広い)場合／前身頃の作り目の時に、不足(余り)分を補うために目数を増やす(減らす)。とじ線が後ろ(前)側へずれます。

・丈が短い(長い)場合／製図の寸法になるように編み足し(ほどき)ます。模様編みの作品は、模様がずれてしまうことがあるので注意が必要です。前後身頃、左右の袖は、それぞれ段数を同じにすること、衿ぐり付近は模様が目立ちやすいので、模様の入り方を確認しておくとよいでしょう。

・その他(上記以外の方法) ／ほどいて編み直します。編み地が大きい時は、編み直す時に針の号数を1号下げると、一回り小さく編めます。同様に編み地が小さい時は、針の号数を1号上げると一回り大きく編めます。また、サイズどおりではなかったとしても、コーディネートや着方を工夫することで、結果的には満足できる仕上りになることもあります。

※ウェアのパーツを編む順序について

・同じ形を同じ寸法で編む→後ろ身頃、前身頃、袖2本の順。特に袖は左右で長さが変わらないよう、あまり期間をあけずに編むことをおすすめします。

・糸量を確認したい時→後ろ身頃、袖1本を先に編み、両方の重さをはかります。その倍量＋縁編み分が作品の重さになります。その後、残りのパーツを編みます。手持ちの糸で足りるかどうか、確かめたい時に便利です。

※編み地の性質について

編み地は横に長いものは横に、縦に長いものは縦に伸びる性質があります。身頃を編み始めて10cm以下の場合は、編み地が横に伸びている状態かもしれません。正方形に近い編み地が一番安定しますが、脇丈の寸法を考えると、15～20cmほど編んでから寸法やゲージを確認するのがよいでしょう。

【自分のサイズを知り、着やすいウェアを編むために】

自分のサイズを知ることは、着心地のよい作品を編むためにとても大切なことです。本書ではレディースMサイズを基本に製図していますが、すべての人に当てはまるわけではありません。まずは着やすいと思うお手持ちのセーターを平らに広げて、下記の寸法をはかってみましょう。

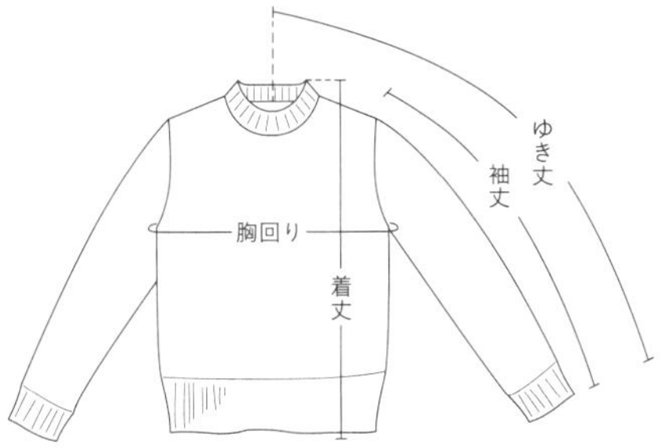

・胸回り(身幅のいちばん広い部分×2)
・着丈(衿から裾まで)
・袖丈(肩から袖口まで)
・ゆき丈(後ろ衿ぐりの中心から袖口まで)

それぞれを編みたい作品の寸法(編み方ページに記載)と照らし合わせてみます。はかったセーターが薄手ニットの場合、手編みは編み地が厚くなるので、少し大きめに編むとよいでしょう。寸法を変更したほうがよさそうな部分は、事前に調整してみてください。その時に模様単位で長く(短く)すると、全体の雰囲気を損ねることなく、カーブの割り出し等もそのまま使うことができます。また、全体的に一回り大きく(小さく)するには、針の号数を1号太く(細く)することで目数、段数を変えることなく調整できます。

【製図の計算式について】

製図の中に記載している計算式は、指定のカーブや斜線の目の増減方法を表わしています。

・○―△―※
○段ごとに△目を※回増す(減らす)と読みます。

例

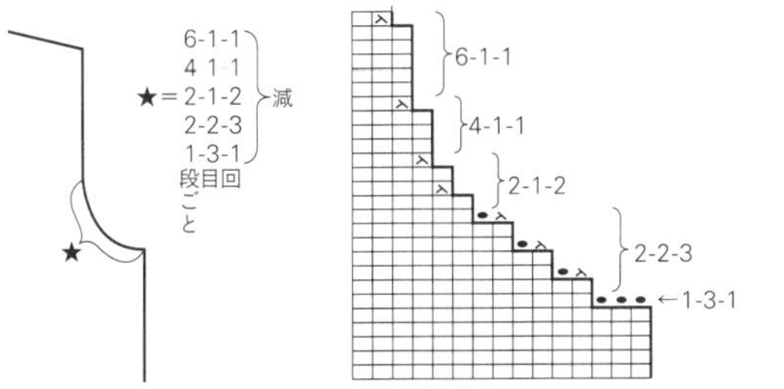

反対側のカーブは1段ずれます(2目以上の減し目は、糸のある側で操作します)。増減目を示す編み図が掲載されているものは、あわせてご覧ください。

【メリヤス編みをきれいに編むコツ】

メリヤス編みがそろわない、きれいに編めない、という悩みを持つ人は多いようです。初めのうちはそろわないのが当たり前、たくさん編むうちに編み目はそろってきます。けれど、編み目がそろうかどうかにかかわらず、一生懸命に編んだ編み目からはその真剣さが伝わってきて、何よりもかけがえのないものに思えます。ただ、きれいに編むためのちょっとしたコツもありますので、参考にしてみてください。

・まずは自分の編み目を観察する

編み地を表側が上になるように置きます(指で針にかける作り目で編み始めた場合、作り目の糸端が左下にあるようにする)。
編み目がゆるむ、筋が入ったようになる場所を確認します。
全体に筋が入る場合は、何段めにその傾向があるのかもチェックします。

・編み目がゆるむ場合

編み地が安定しない場所(編始め、編み地の両端)、フランス式で編む場合に左手にかけた糸をかけ直した後は編み目がゆるみやすくなります。意識して糸を引き、編み目を針の太さに合わせるようにします。

・編み地に筋が入ったようになる場合

裏編みする(偶数段を編む)時に、編み目がゆるみ、筋が入ったようになることが多いようです。つけ替え輪針(p.35参照)で往復編みをする人は、輪針のコードに針をつける時に、片側の針の号数を1号下げます。棒針で編む人も同様に、2本針の内1本は、1号下げた棒針を用意します。
表編み(奇数段)を編む時は指定針の号数で、裏編み(偶数段)を編む時は指定の号数を1号下げた針で編みます。すると自然に裏編み(偶数段)の編み目が小さくなります。それでも改善しない時は、もう1号下げるなどして調整します。
フランス式の編み方の場合、裏目を編む時に左手にかける糸のテンションをきつめにする(小指に一度くるりと巻く)だけで、編み目がそろうこともあります。

下記はウェアを編む時、編み目がゆるくなる部分の対処法です。

・身頃の衿ぐりから肩にかけて編み目がゆるい

編み地幅が狭くなり、減し目や引返し等の操作が入ると、編むスピードが落ちて編み目がゆるくなることがあります。これは衿ぐりや肩が伸びる原因にもなります。上記の方法を参考にしつつ、それまでの針の号数からさらに下げるのもおすすめです(結果、全体の編み目が同じ大きさになる程度に)。

・袖丈が長くなってしまう

袖は身頃よりも編み地幅が狭くなることが多く、(同じように編んでいるつもりでも)編むスピードが落ちて編み目の高さが出やすくなる傾向があるため、製図よりも長く編めてしまうことがあるようです。編み目の高さを調節するのは、その人の編み癖もあり意外と難しいので、段数を減らして編むことをおすすめします。本書では、作品によっては袖丈を変更するためのヒントが書かれていますので、参考にしてください。

【とじはぎについて】

「編む」と「とじはぎ」は、全く別の作業になるので、苦手意識を持つ人も多いようです。どの位置に針を入れればよいかわからない、きちんととじはぎしているつもりなのにずれてしまう、とじはぎの糸をどの程度引けばよいのかわからないなど、なんとなくしてきた人も多いのではないでしょうか。
次の手順で、とじはぎをしてみてください。コツを掴んで、とじはぎの時間が楽しくなりますように願っています。
①指で針にかける作り目をする場合、「作り目に必要な糸(編み地幅の約3倍)＋とじはぎ用の糸(40～50㎝)」を見込んで、作り目を始めます。編んでいる間に邪魔にならないよう、糸端は小さくまとめておいてください。この糸でとじはぎすると糸始末が少なくなります。
②編み地が編めたら、編み地の端にスチームアイロンをかけます。編みたての編み地の端は、丸まっていることが多いです。この部分を平らにするために、スチームアイロンをかけます。

例／右前身頃

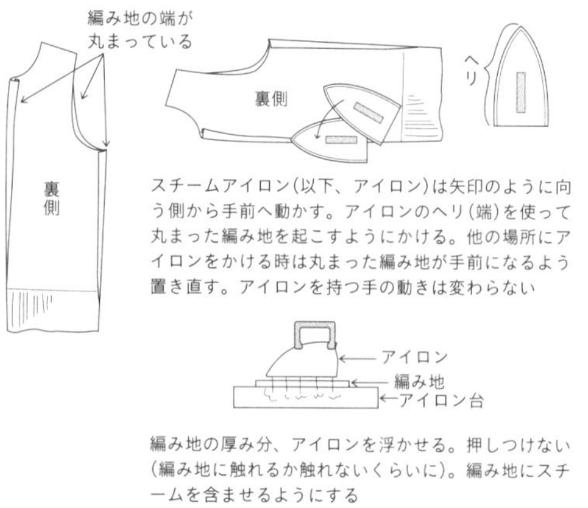
編み地の端が
丸まっている
裏側
裏側
ヘリ
スチームアイロン(以下、アイロン)は矢印のように向う側から手前へ動かす。アイロンのヘリ(端)を使って丸まった編み地を起こすようにかける。他の場所にアイロンをかける時は丸まった編み地が手前になるよう置き直す。アイロンを持つ手の動きは変わらない
アイロン
編み地
アイロン台
編み地の厚み分、アイロンを浮かせる。押しつけない(編み地に触れるか触れないくらいに)。編み地にスチームを含ませるようにする

端の1目と2目が平らになると編み目自体がわかりやすくなり、1目と2目の間の渡り糸(すくいとじは、この糸を1段ずつすくう)も探しやすくなります。
③脇や袖下をとじる時、向かって右側の編み地は、左側に比べて1段多くなっています。

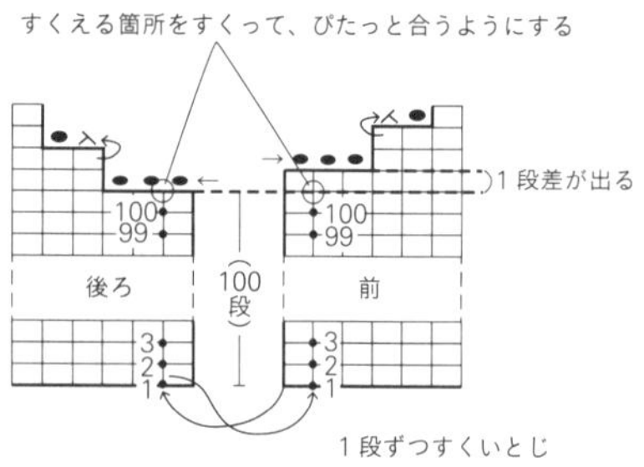
すくえる箇所をすくって、ぴたっと合うようにする
1段差が出る
100
99
100
99
後ろ
100段
前
3
2
1
3
2
1
1段ずつすくいとじ

糸のある側で2目以上の減し目をするので、とじる時に右側が1段余るのは仕方がないのです。袖ぐりに縁編みを編んだり、身頃と袖をつけたりすると、このずれは目立たなくなります。
・ずれが大きくならないようにするための工夫
編む時に(例えば最初は10段ずつ、慣れたら20段ずつ)、段数マーカー(p.35参照)を編み地の端に合い印の代わりにつけておき、その印が合うようにとじます。袖下は、左右の増し目を同じ段で操作するので、増し目が合い印代わりになります。1段ずつすくいとじしていくと、増し目の位置が合うはずです。ずれてしまったら(1目と2目の間の渡り糸ではない)別の糸をすくっていることがありますので、ほどきながら確認してみましょう。
・とじはぎの糸の引き加減について
2枚の編み地がぴたっと1枚の編み地になるように、元の編み地の寸法が変わらない程度に糸を引きます。その後、裏からとじ代にスチームアイロンをかけると、とじはぎした部分が平らになります。洋裁では、縫った後、縫い代を割るようにアイロンをかけると仕上りがすっきりします。それと同じイメージです。
とじはぎを終えたら、その部分(特に袖下)を軽くぴん、ぴんと引っ張ってみます。着る時のことを想像してみましょう。袖に腕を通す時に、少し編み地が伸びると思います。その時に糸が切れなければ大丈夫。それを確認してみてください。

【糸始末について】

・(単色で)編んでいる途中、糸が終わってしまった場合
段の途中で糸が終わってしまったら、ほどいて前段の編終りまで戻ります。そして5～6㎝糸を残して切ります。次に編み地の端で新しい糸をつけて(この時も、糸端を5～6㎝残して)編み始めます。糸を替えた部分の、編み目のゆるみが気になる時は、軽く結んでおいてもよいでしょう。とじはぎの後、とじ代に糸始末します。

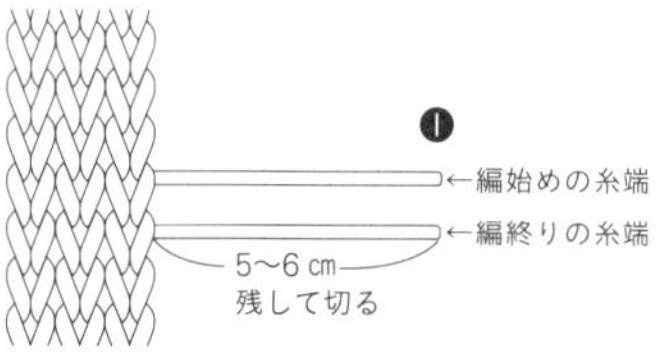
❶
編始めの糸端
編終りの糸端
5～6㎝
残して切る

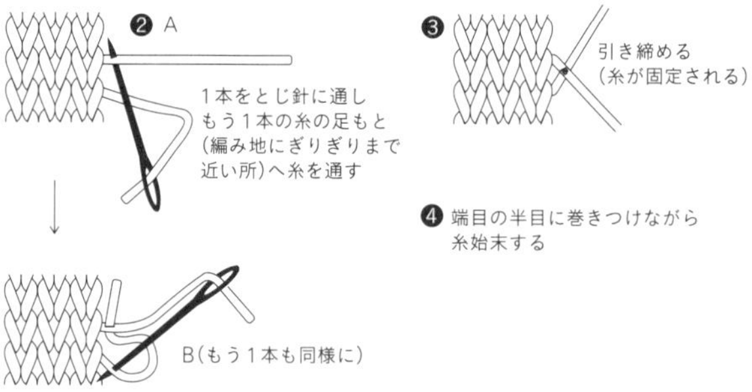
❷A
1本をとじ針に通し
もう1本の糸の足もと
(編み地にぎりぎりまで
近い所)へ糸を通す
B(もう1本も同様に)
❸
引き締める
(糸が固定される)
❹端目の半目に巻きつけながら
糸始末する

段の途中で糸を替えると、糸始末した部分が表側にひびいてしまうことがあります。例外的に、アラン模様などで模様と模様の間に裏目がある場合は、その部分で糸を替えてもよいでしょう。裏側を見ると、裏目の部分が表目になっているので、とじ代に入れるのと同じ要領で糸始末することができ、ほとんど目立ちません。

・とじはぎ後の糸始末について

パーツがすべてつながって、あとは糸始末だけ。裏側を見るとあちこちから糸が出ていて、どのように糸始末したらいいのかわからなくなることがあります。また、必要以上に糸始末をした結果、編み地が固くなったり、とじ代が厚くなることも。

糸始末の場所に迷ったら、着る時のことを想像してみましょう。伸びやすい場所へ始末すると、編み地の伸縮に合わせて糸端が出てきてしまいます。例えば衿ぐり付近の糸始末について。頭が通るので、衿ぐりが広がりますから、ゴム編みの縦方向へ糸始末します。袖口も同様です。着た時に、できるだけ伸縮のない場所を選ぶのがコツです。3～4cmほど、半目に巻きつけるように始末して、糸を切ります。ミトンの親指の糸始末は、拾い目をした時に穴があきそうな箇所をとじながら、親指の縦方向に、編み地をほんの少しすくいながら3cmほど糸始末します。ウールは着続けるうちに繊維がなじみますから、これで大丈夫です。アルパカなど滑りやすい糸はU字(普通に糸始末した後、少し戻るように針を入れる)に糸を通します。

【ボタンの選び方・つけ方】

・選び方について

編み上がり、ボタンをつけよう！という時。合うボタンがなかなか見つからないのは、よくあることだと思います。なので、普段からボタン屋さん、手芸店、骨董市などに立ち寄った時には、気に入ったボタンを買い集めています。3cm幅の前立てを想定して、直径18mmくらいのボタンを5～6個、というぐあい。小さなボタンなら、数を多くつけて前立て幅を細くして…なんて想像が広がる楽しい時間でもあります。選ぶポイントとしては、軽くて(前立てが重みで伸びないように)、ボタンの端が滑らかなもの(ボタンホールが毛羽立たないように)が使いやすいと思います。また、細長い形はボタンホールを通りやすく、デザインのポイントにもなります。でも心を鷲掴みにされるほど素敵なボタンに出会ったら、迷わず買っておくべきです(お財布とも相談すること)。きっといつか出番が来ますし、眺めているだけでも癒される、うれしいひとときを過ごせます。

・つけ方について

いろいろな方法がありますが、個人的には裏側に力ボタン(直径5mmくらいの2つ穴ボタン。ボタン屋さんで売っている)をつけて、ボタンつけ糸で縫いつけています。縁編みに直接ボタンをつけると、着続けている間に縁編みの糸が切れることがあるからです。ボタンと力ボタンで縁編みを挟んで、縁編みに負担がかからないようにしています。また、ボタンつけ糸よりも細めの毛糸(作品を編んだ糸の割り糸)のほうが編み地となじみやすいのですが、強度の点ではボタンつけ糸のほうがよいです。ボタンに足がない場合、ボタンをはめた時を考えて縁編みの厚み分のすきまが必要です。ボタンの下に楊枝などを挟んで縫いつけ、(楊枝などを)外してから、ボタンの根もとにくるくると糸を巻きつけると、糸で作る足の長さが安定します。

※割り糸の作り方

糸の撚《よ》りをほどいて、半分くらいの細さにします。糸に撚りをかけ直しながら、スチームアイロンをかけて撚りを固定します。

【アフターケアについて】

・日々の手入れ

一着を毎日着るよりも何着かを着回すことで、繊維に負担がかからず、長持ちします。一日着た後は、ニット用のブラシでブラッシングします。埃を落として、繊維の流れを整えます。手編みのものは、少し厚みのある滑りにくいハンガーにかけて、数時間陰干しします。天然繊維はその時々の湿度に合わせて呼吸しているので、着ている間に吸った汗や湿気を逃がし、自然な状態に戻ります。その後、たたんで引き出しなどにしまいます。

・洗濯について

手編み糸のほとんどが家で洗えます。洗濯の仕方は糸のラベルにある取扱い絵表示に従ってください。手洗いする時の方法は次のとおりです。

シンクや大きめのたらいに40℃くらいのお湯(「洗濯(洗い方)記号」に数字が入っている場合、それ以下の温度の水を用意する)を張り、必要量の中性洗剤を溶かします。ニットをたたんで、洗剤液の中に浸します。そして優しく押し洗いします。脱水して再度お湯を張り、洗剤成分が残らないようにすすぎます。再度、軽めに脱水して陰干しします(脱水しすぎると、しわが取れにくくなるため)。平らに干せるとよいのですが、難しい時は竿に干したり(着丈を半分に折るように竿にかけ、袖が伸びないよう、自然な形になるよう干す)、軽いニット(ベストなど)は滑りにくいハンガーにかけたりしてもよいでしょう。乾いたらすぐ外します。

中性洗剤はいろいろなタイプがあります。ナチュラルな香りを楽しめるもの、環境に配慮した素材ですすぐ回数が少なくてもよいもの、ラノリン油(羊の油分)を補いつつ洗えるものなど、好みに合うものを選んでください。

・しまうときの注意

衣替えの時は、洗濯したニットを、密閉できる衣装ケースに、防虫剤と一緒にしまいます。薬の成分が行き渡るよう、詰め込みすぎないようにしてください。

作品の作り方

p.10　ヘンリーネックのサーマルセーター

材料　[パピー]ブリティッシュエロイカ
淡いベージュ(134) 644g
用具　8号、7号2本棒針(輪針で往復編みの場合〈p.41を参照〉/8号、7号80cm輪針)
付属　直径1.8cmのボタン 5個
力ボタン(透明) 5個
ゲージ　模様編み 18.5目24段が10cm四方
寸法　胸回り102cm、着丈58.5cm、ゆき丈70cm

編み方　糸は1本どりで指定の針の号数で編みます。

・後ろ身頃を編みます。
8号針で別鎖の裏山を拾う作り目で95目作り目します。続けて模様編みで72段編みます。袖下まちは別糸に通して休み目にし、続けて模様編みでラグラン線を減らしながら44段編み、伏止めします。作り目の別鎖をほどき、7号針で目を95目拾います。2段めで86目に均等に減らし、1目ゴム編みを18段編みます。1目ゴム編み止め(往復編み)をします。

・前身頃を編みます。
8号針で別鎖の裏山を拾う作り目で95目作り目します。続けて模様編みで64段編み、指定の位置で別糸に通して休み目にし、左右に分けて模様編みでそれぞれ8段編みます。袖下まちは別糸に通して休み目にし、続けて模様編みでラグラン線を減らしながら43段編み、途中で衿ぐりを伏せ目し、減らしながら編み、残った目は休み目にします。作り目の別鎖をほどき、7号針で目を95目拾います。2段めで86目に均等に減らし、1目ゴム編みを18段編みます。1目ゴム編み止め(往復編み)をします。

・袖を編みます。
8号針で別鎖の裏山を拾う作り目で51目作り目します。続けて模様編みで増しながら88段編みます。袖下まちは別糸に通して休み目にし、続けて模様編みでラグラン線を減らしながら44段編み、伏止めします。作り目の別鎖をほどき、7号針で51目拾います。2段めで46目に均等に減らし、1目ゴム編みを14段編みます。1目ゴム編み止め(往復編み)をします。

・短冊を編みます。
7号針で指で針にかける作り目で11目作り目します。続けて1目ゴム編みで40段編みます。右短冊はボタン穴をあけて編みます。1目ゴム編み止め(往復編み)をします。

・仕上げます。
ラグラン線、脇、袖下をすくいとじ、袖下まちをメリヤスはぎします。衿ぐりを拾い目して7号針で1目ゴム編みで6段編みます。1目ゴム編み止め(往復編み)をします。前あきと短冊をすくいとじします。右短冊下側と前あき部分をメリヤスはぎではぎます(この時、糸を引ききる)。左短冊下側は裏側でかがります。左短冊にボタンをつけます。

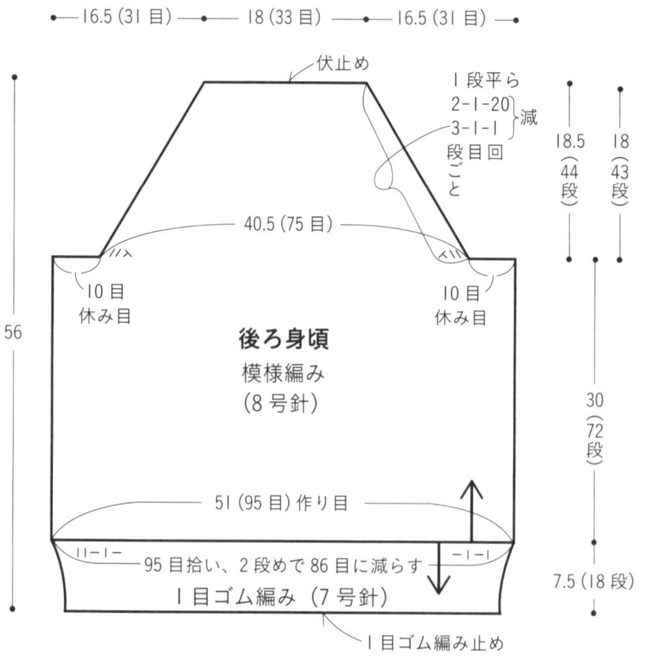

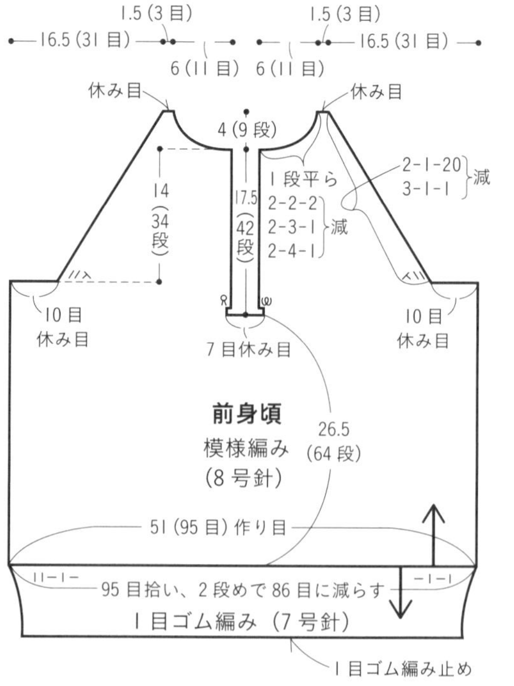

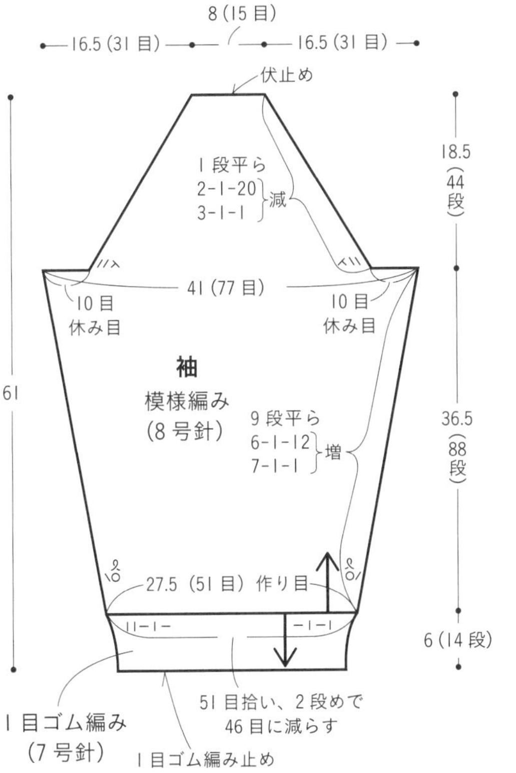
8（15目）
16.5（31目）
16.5（31目）
伏止め
1段平ら
2-1-20
3-1-1
減
18.5（44段）
41（77目）
10目
休み目
10目
休み目
61
袖
模様編み
（8号針）
9段平ら
6-1-12
7-1-1
増
36.5（88段）
27.5（51目）作り目
6（14段）
1目ゴム編み
（7号針）
51目拾い、2段めで
46目に減らす
1目ゴム編み止め

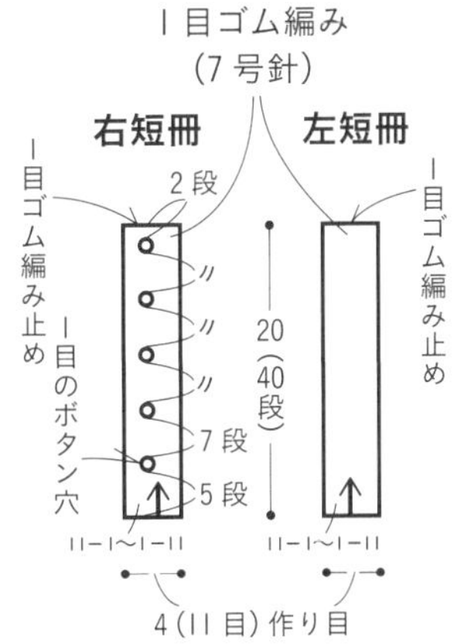
1目ゴム編み
（7号針）
右短冊
左短冊
1目ゴム編み止め
2段
1目のボタン穴
20（40段）
7段
5段
1目ゴム編み止め
4（11目）作り目

衿ぐり

1目ゴム編み（7号針）

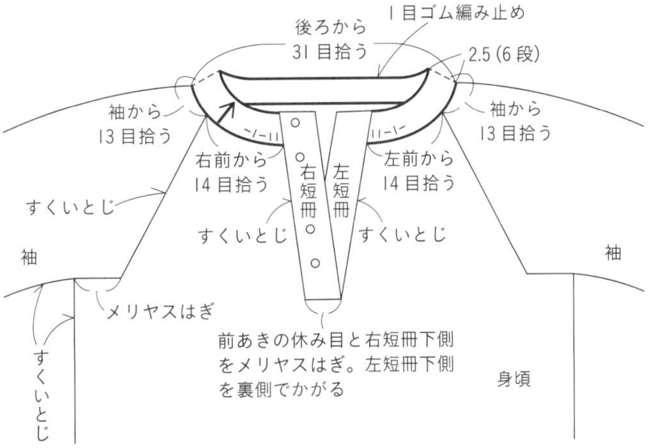
後ろから
31目拾う
1目ゴム編み止め
2.5（6段）
袖から
13目拾う
袖から
13目拾う
右前から
14目拾う
左前から
14目拾う
右短冊
左短冊
すくいとじ
すくいとじ
すくいとじ
袖
袖
メリヤスはぎ
すくいとじ
前あきの休み目と右短冊下側
をメリヤスはぎ。左短冊下側
を裏側でかがる
身頃

身頃、袖、衿ぐり

1目ゴム編み（7号針）

※前身頃の休み目の衿ぐり部分を
拾い目する時は中上3目一度で拾う

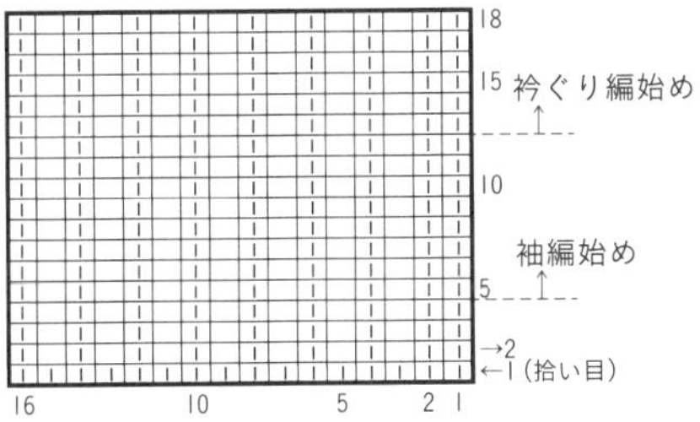
18
15
衿ぐり編始め
10
袖編始め
5
→2
←1（拾い目）
16
10
5
2
1

｜＝表目

□＝裏目

右短冊

1目ゴム編み（7号針）

※左短冊はボタン穴をあけず、ボタンは
右短冊のボタン穴と同じ位置につける

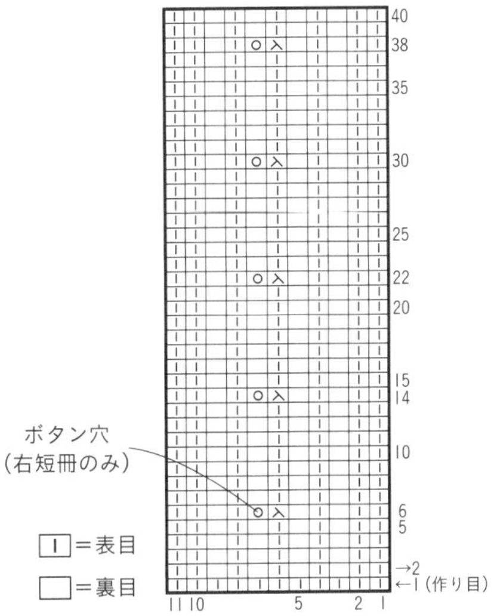
40
38
35
30
25
22
20
15
14
10
6
5
→2
←1（作り目）
11
10
5
2
1
ボタン穴
（右短冊のみ）

｜＝表目

□＝裏目

後ろ身頃

模様編み（8号針）

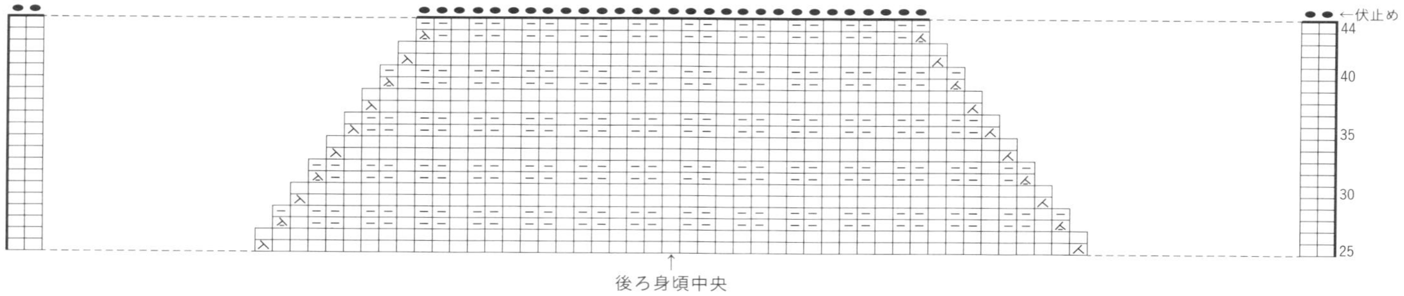

←伏止め
44
40
35
30
25
↑
後ろ身頃中央

前身頃

模様編み（8号針）

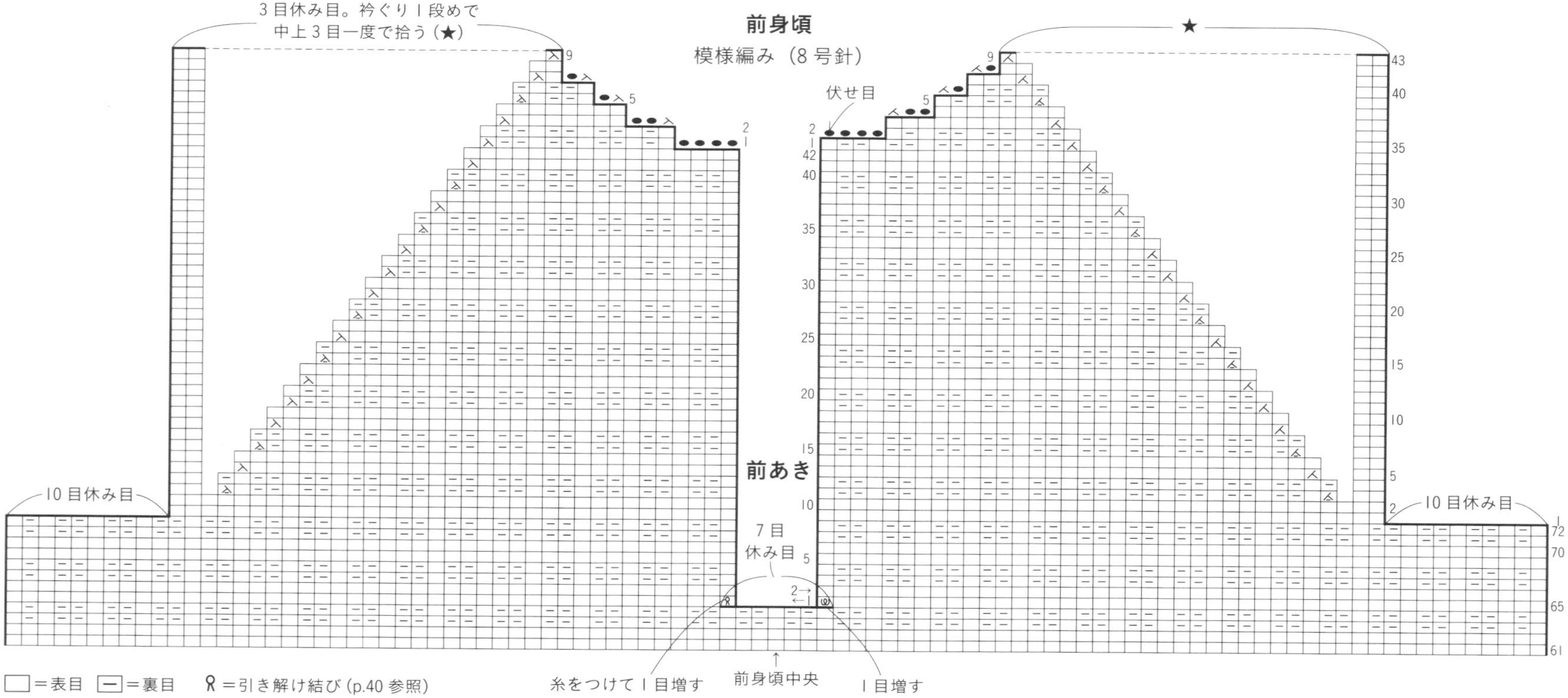

3目休み目。衿ぐり1段めで
中上3目一度で拾う（★）
★
9
5
2
1
伏せ目
2
1
42
40
35
30
25
20
15
前あき
10
5
7目
休み目
2→
←1
43
40
35
30
25
20
15
10
5
2
10目休み目
10目休み目
1
72
70
65
61
糸をつけて1目増す
↑
前身頃中央
1目増す

□＝表目　⊟＝裏目　ᴙ＝引き解け結び（p.40参照）

袖

模様編み（8号針）

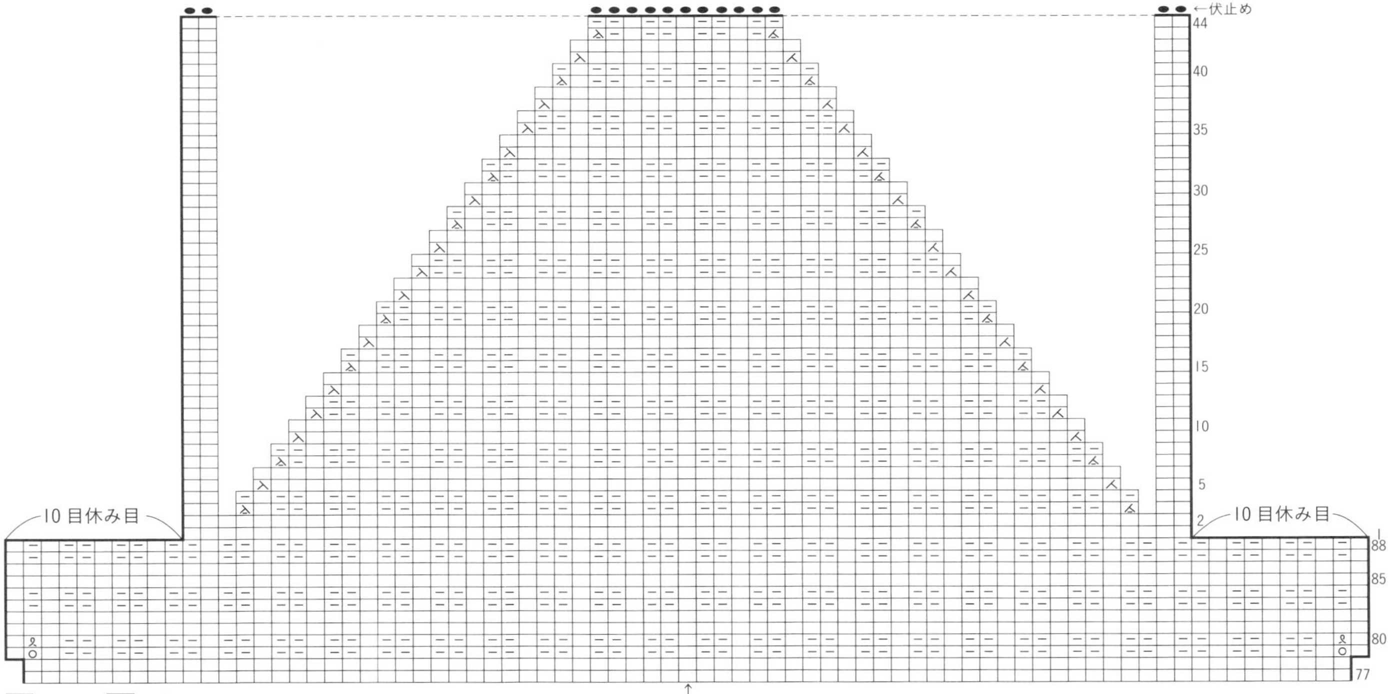

模様編み

（8号針）

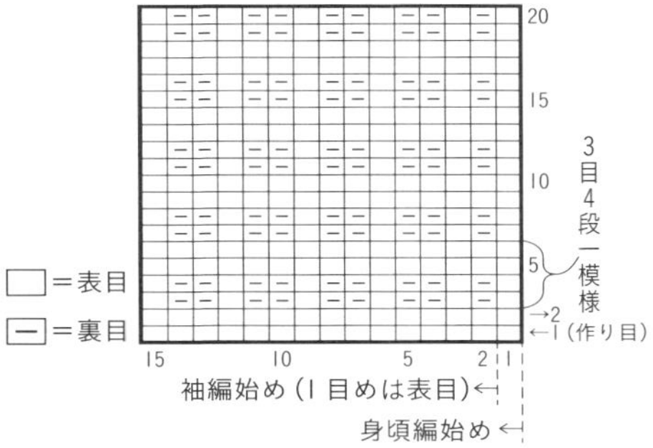

p.4　ドネガルツイードのセーター

材料　[パピー]ソフトドネガル グレー(5221) 514g
用具　9号、8号2本棒針(輪針で往復編みの場合〈p.41を参照〉/9号、8号80cm輪針)、8号40cm輪針
ゲージ　メリヤス編み 16.5目23段が10cm四方
寸法　胸回り112cm、着丈66.5cm、袖丈50cm(ゆき丈78cm)

編み方　糸は1本どりで指定の針の号数で編みます。

・前後身頃を編みます。

別鎖の裏山を拾う作り目で92目作り目します。続けて9号針でメリヤス編みで112段編みます。肩は引返しをし(p.73を参照)、休み目にします。衿ぐりを伏せ目して減らしながら編みます。作り目の別鎖をほどき、8号針で目を91目に減らして拾います。1目ゴム編みを24段編みます。1目ゴム編み止め(往復編み)をします。

・袖を編みます。

別鎖の裏山を拾う作り目で46目作り目します。続けて9号針でメリヤス編みで袖下を増しながら84段編みます。袖山は引返しをし、休み目にします。作り目の別鎖をほどき、8号針で目を45目に減らして拾います。1目ゴム編みを20段編みます。1目ゴム編み止め(往復編み)をします。

・仕上げます。

肩を引抜きはぎします。衿ぐりを拾い目して8号針で輪に1目ゴム編みで8段編みます。1目ゴム編み止め(輪編み)をします。身頃と袖を目と段のはぎではぎます。脇はスリット止りから袖つけ止りまですくいとじします。袖下をすくいとじします。

ポイント　衿ぐりは伸び止めのために裏から引抜き編みをするとよいです(p.41を参照)。この作品はメンズMサイズでゆったりした製図になっています。ゆき丈が長い場合は、作り目48目で袖の計算式10-1-4部分を10-1-3に変更するか、1目ゴム編みの段数を減らすなどして袖丈を短く調整してください。

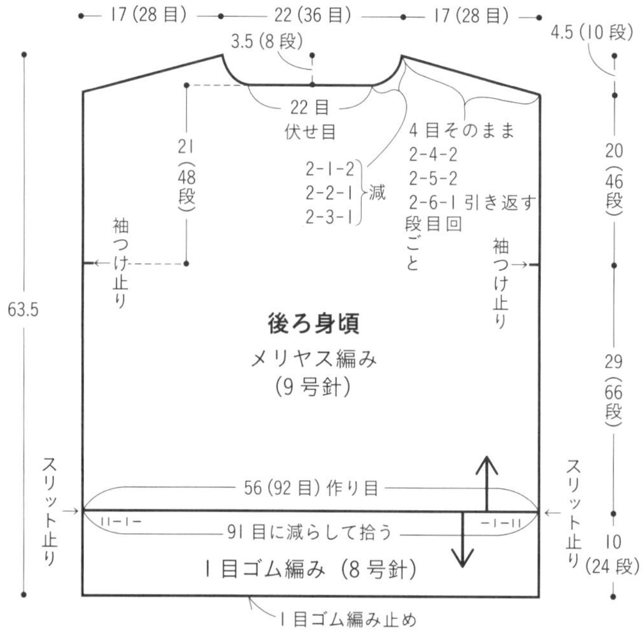

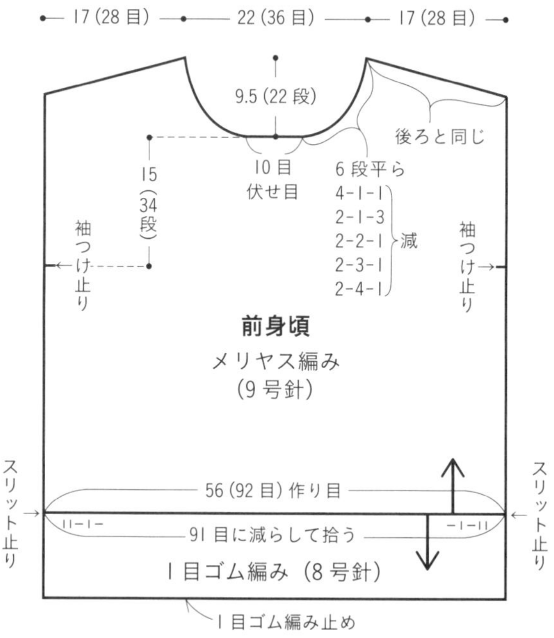

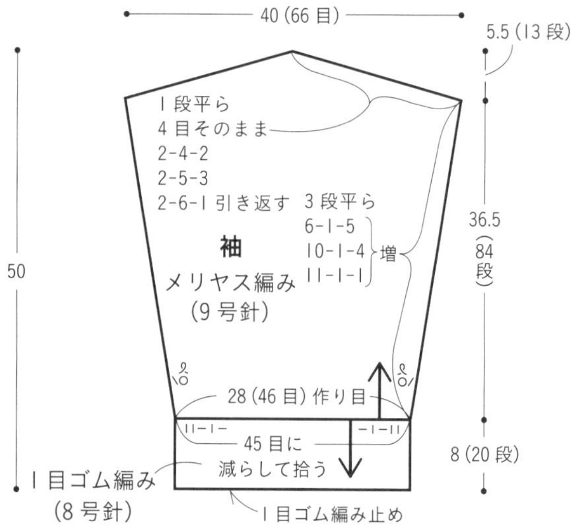

後ろ身頃の肩の引返しと衿ぐり

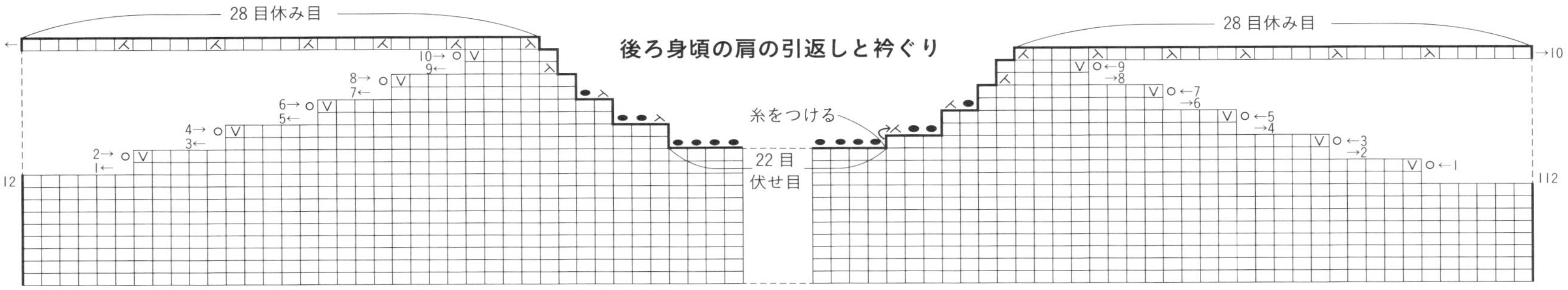

□＝表目

○＝かけ目

袖山の引返し

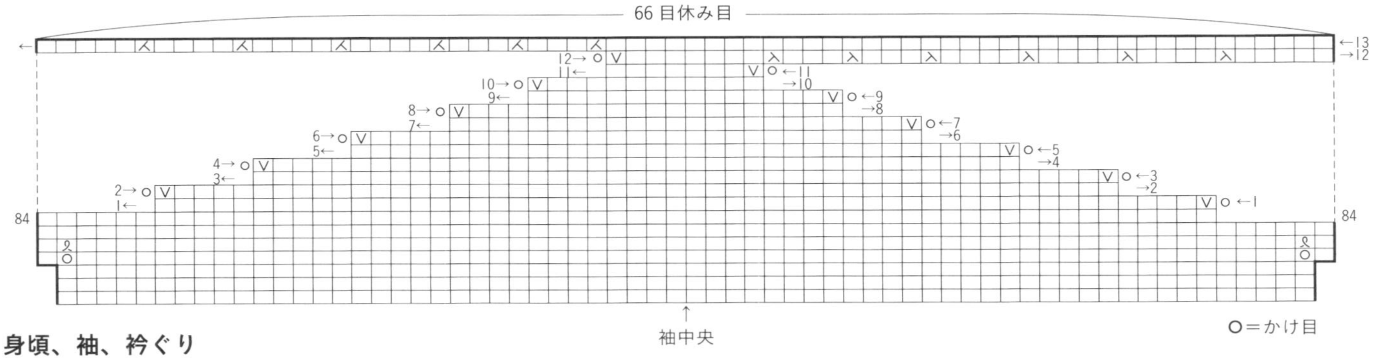

○＝かけ目

身頃、袖、衿ぐり

1目ゴム編み（8号針）

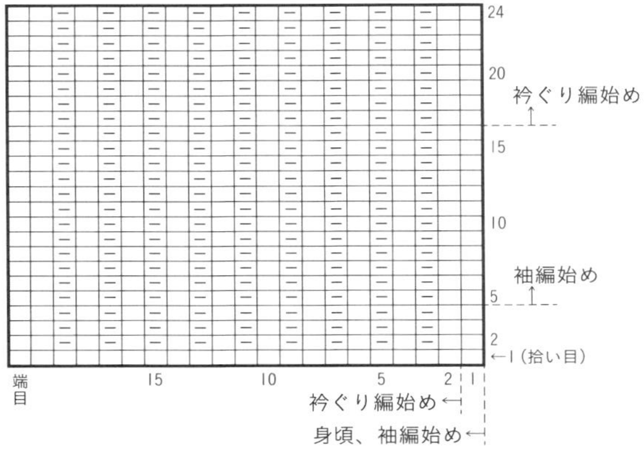

□＝表目

□＝裏目

p.6　Roadベスト　p.8　Roadワンピース

材料　[DARUMA]チェビオットウール
ベスト…ダークネイビー(5)343g
ワンピース…きなり(1)700g

用具　**ベスト**…8号、6号2本棒針(輪針で往復編みの場合〈p.41を参照〉/8号、6号80cm輪針)、6号40cm輪針
ワンピース…8号、6号80cm輪針(輪針で往復編み〈p.41を参照〉)、6号40cm輪針

ゲージ　模様編みA 40目が14.5cm、27段が10cm
模様編みB 18目27段が10cm四方

寸法　**ベスト**…胸回り95cm、着丈57cm、背肩幅38.5cm
ワンピース…胸回り95cm、着丈107.5cm、背肩幅38.5cm

編み方　※(　)内はワンピースの目数、段数。
糸は1本どりで指定の針の号数で編みます。
・前後身頃を編みます。
6号針で指で針にかける作り目で100目(120目)作り目します。続けて1目ゴム編み、模様編みAで28段(36段)編みます。8号針に替え、模様編みA、Bで52段(180段)編み、ワンピースは目を減らしながら編みます。袖ぐりを減らしながら62段編みます。肩は引返しをし、休み目にします。衿ぐりは伏せ目して減らしながら編みます。
・仕上げます。
肩を引抜きはぎします。衿ぐりを拾い目して6号針で輪に1目ゴム編みで8段編みます。1目ゴム編み止め(輪編み)をします。脇はスリット止りから上をすくいとじします。袖ぐりを拾い目して6号針で輪に1目ゴム編みで8段編みます。1目ゴム編み止め(輪編み)をします。

ポイント　ワンピースは編み地の重みで伸びやすいので、とじ、はぎはきつめにします。袖ぐりは伸び止めのために裏から引抜き編みをするとよいです(p.41を参照)。

〈ベスト〉

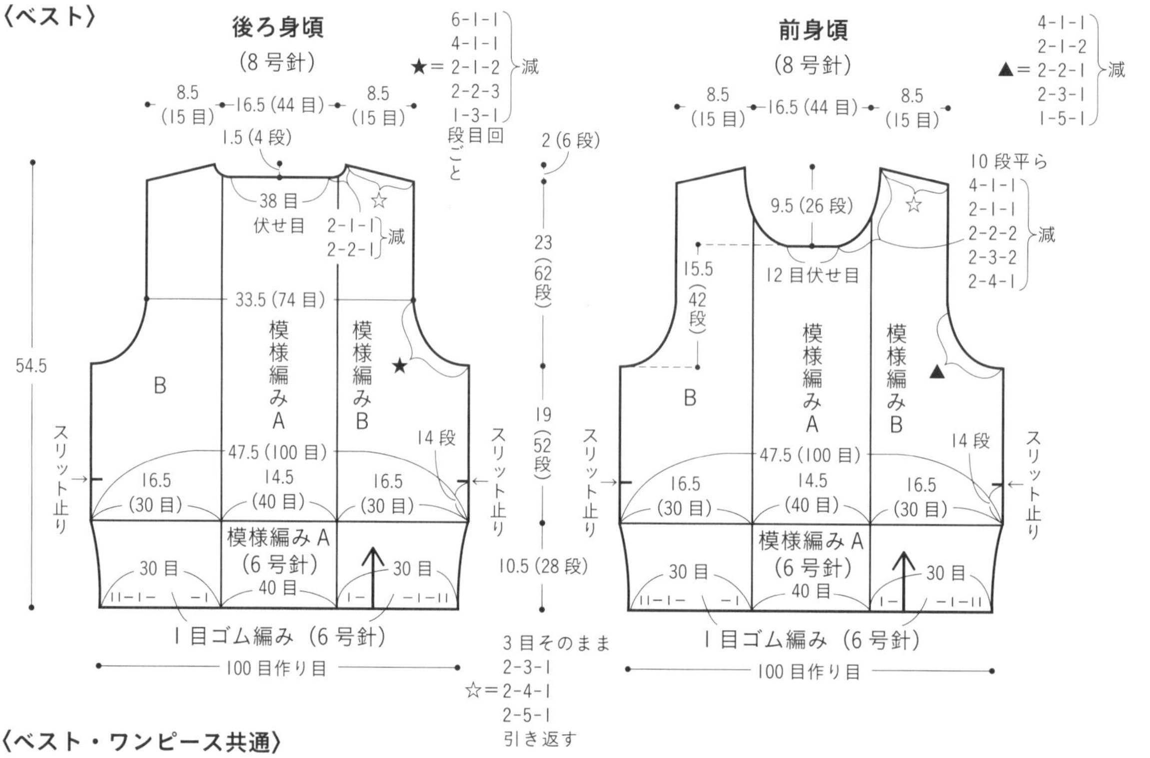

〈ベスト・ワンピース共通〉

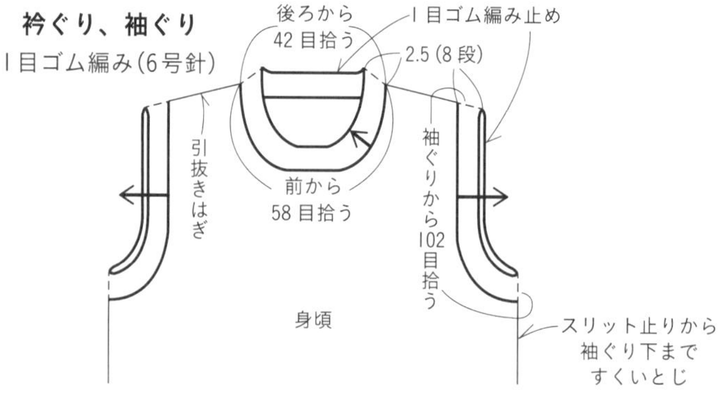

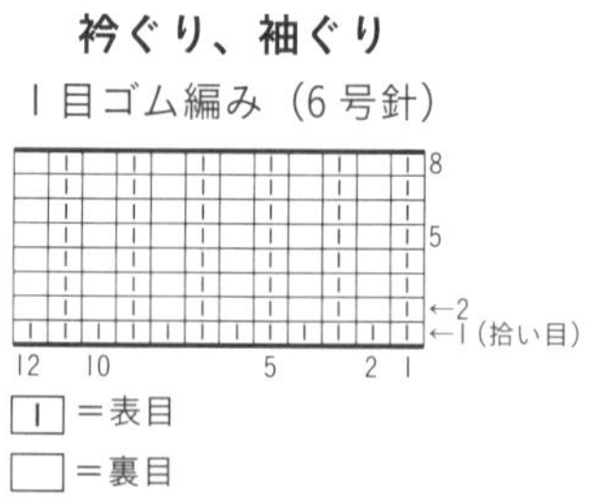

〈ワンピース〉

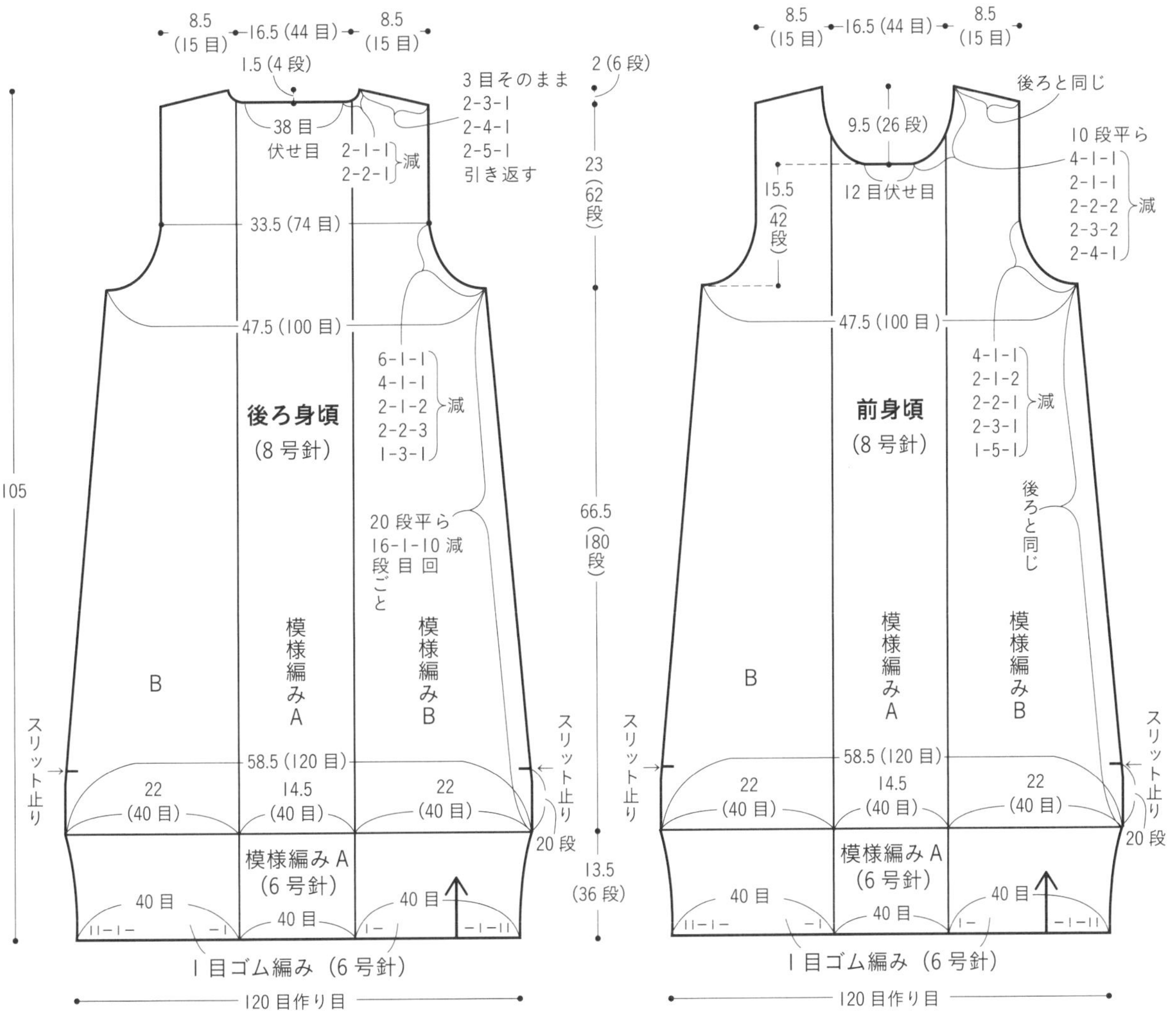

8.5 (15目)
16.5 (44目)
8.5 (15目)
1.5 (4段)
38目伏せ目
2-1-1
2-2-1
減
3目そのまま
2-3-1
2-4-1
2-5-1
引き返す
2 (6段)
23 (62段)
33.5 (74目)
47.5 (100目)
6-1-1
4-1-1
2-1-2
2-2-3
1-3-1
減
後ろ身頃
(8号針)
20段平ら
16-1-10 減
段 目 回
ごと
105
66.5 (180段)
B
模様編みA
模様編みB
スリット止り
58.5 (120目)
22 (40目)
14.5 (40目)
22 (40目)
20段
模様編みA
(6号針)
40目
40目
40目
13.5 (36段)
1目ゴム編み (6号針)
120目作り目
8.5 (15目)
16.5 (44目)
8.5 (15目)
後ろと同じ
9.5 (26段)
10段平ら
4-1-1
2-1-1
2-2-2
2-3-2
2-4-1
減
15.5 (42段)
12目伏せ目
47.5 (100目)
4-1-1
2-1-2
2-2-1
2-3-1
1-5-1
減
前身頃
(8号針)
後ろと同じ
B
模様編みA
模様編みB
スリット止り
58.5 (120目)
22 (40目)
14.5 (40目)
22 (40目)
20段
模様編みA
(6号針)
40目
40目
40目
1目ゴム編み (6号針)
120目作り目

後ろ身頃の肩の引返しと衿ぐり

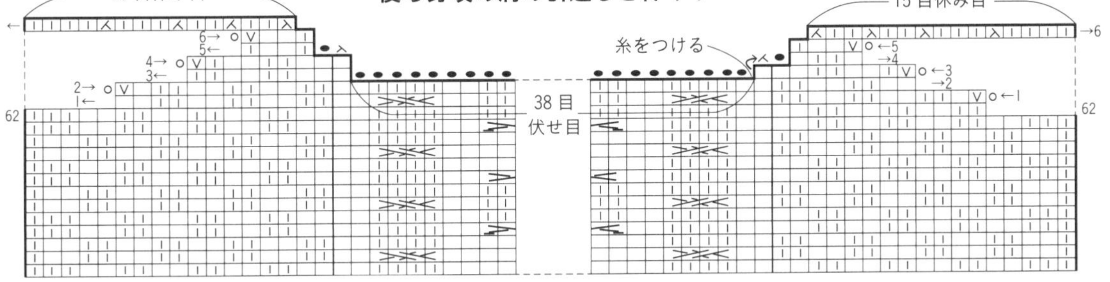

15目休み目
15目休み目
糸をつける
38目伏せ目
62
62

□I□ ＝表目

□ ＝裏目

○＝かけ目

前後身頃　模様編み（8号針）

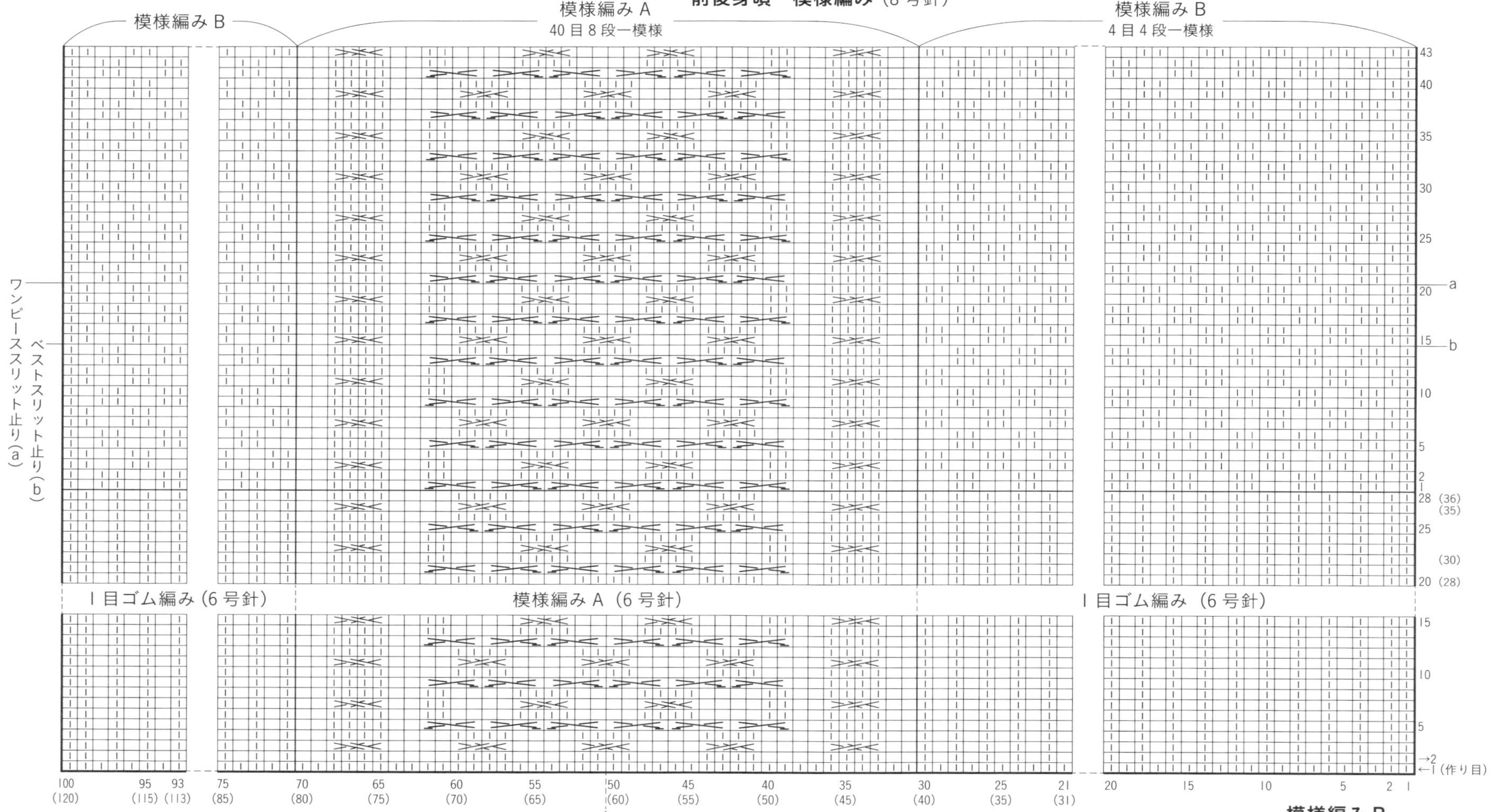

※（　）内の数字はワンピースの目数、段数

| ＝表目
□＝裏目

＝ 右上2目交差（下の目は裏目）
＝ 左上2目交差（下の目は裏目）

模様編み B

| ＝表目
□＝裏目

p.9　# 夜空のマフラー

__材料__　[DARUMA]空気をまぜて糸にしたウールアルパカ
ネイビー(6) 101g、きなり(1) 70g

__用具__　4号短5本棒針（マジックループの場合〈p.41を参照〉/ 4号80cm輪針）

__ゲージ__　編込み模様 28目26段が10cm四方

__寸法__　幅13cm、丈141cm

__編み方__　糸は1本どりで指定の配色で編みます。
別鎖の裏山を拾う作り目で74目作り目し、輪にします。続けてきなりの糸でメリヤス編みで3段編みます。編込み模様を361段編みます。最後にきなりの糸でメリヤス編みで3段編み、編終りは伏止めします。作り目の別鎖をほどき、目を拾います。きなりの糸で伏止めします。

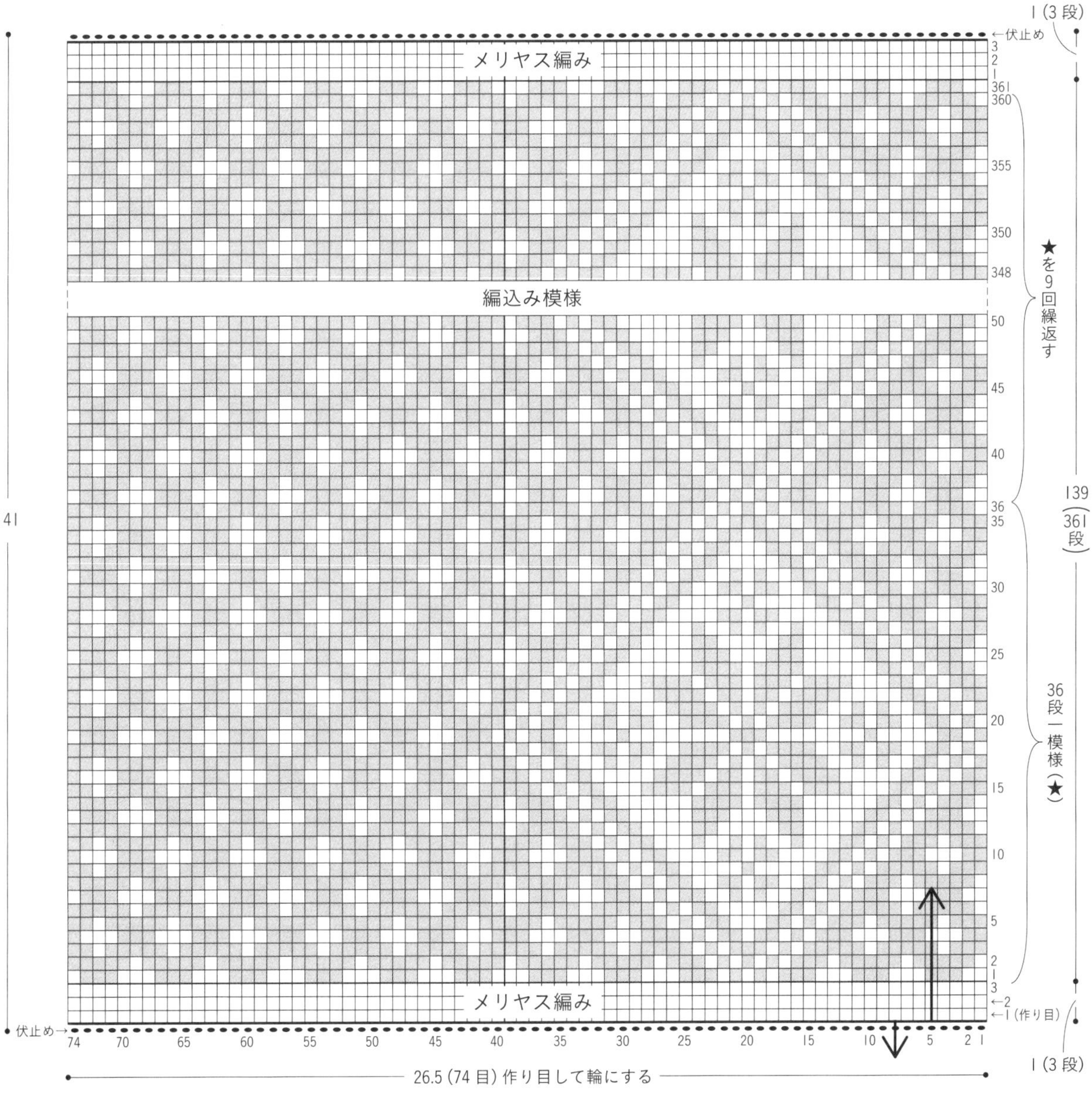

□＝表目　□ きなり（地糸）　▩ ネイビー（配色糸）

p.8

夜空のミニバッグ

材料　[DARUMA]空気をまぜて糸にしたウールアルパカ
きなり(1)、ネイビー(6)各10g

用具　5号短5本棒針(マジックループの場合〈p.41を参照〉/5号80cm輪針)

付属　内袋用布 生成りの木綿 16×36cm
持ち手用革 幅1×120cm
直径1cmのスナップ1組み
手縫い糸

ゲージ　編込み模様 26目27段が10cm四方

寸法　幅14cm、丈15.5cm(持ち手含まず)

編み方

・本体を編みます。

糸は1本どりで指定の配色で編みます。

別鎖の裏山を拾う作り目で74目作り目し、輪にします。続けてきなりの糸でメリヤス編みで3段編みます。編込み模様を37段編みます。最後にきなりの糸でメリヤス編みで3段編み、編終りは伏止めします。

・編み地をはぎます。

編み地を中表にし、作り目の別鎖をほどき、目を拾います。37目ずつに分け、編み地を二つ折りにし、きなりの糸で引抜きはぎします。

・内袋を縫い、仕立てます。

内袋を縫い、入れ口の内側にスナップを縫いつけます。編み地の中に内袋を中表に入れ、入れ口をまつりつけます。持ち手の革に穴をあけ、両端に縫いつけます。

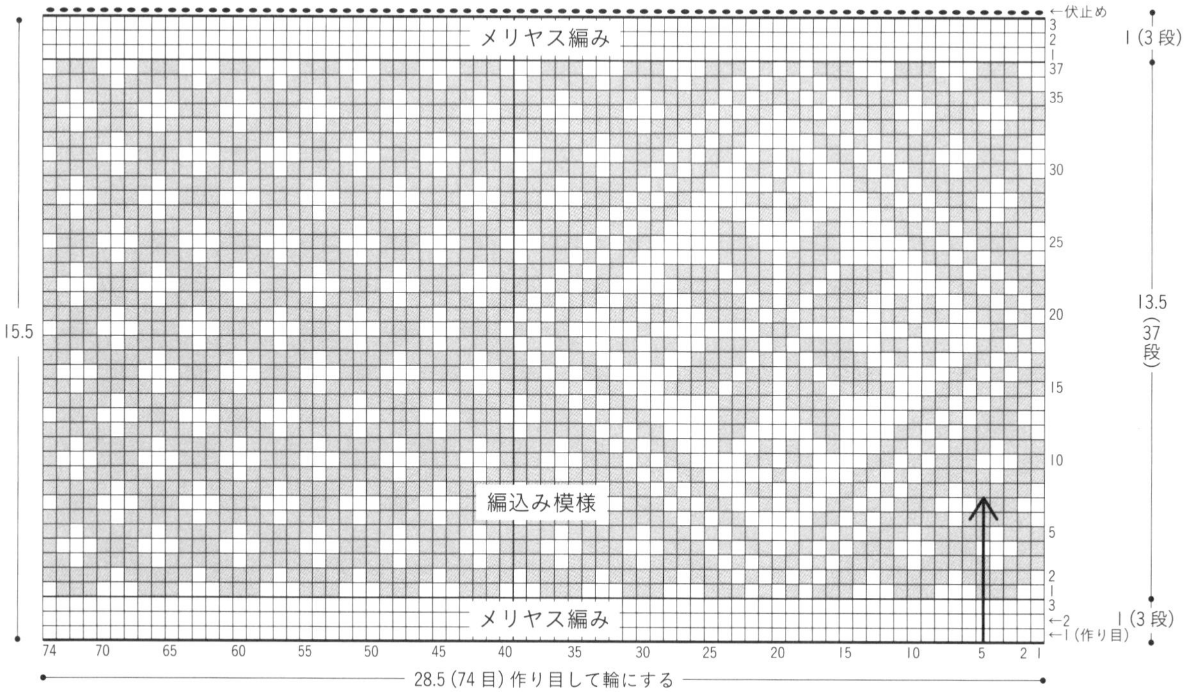

□＝表目　□きなり(地糸)　■ネイビー(配色糸)

仕立て方

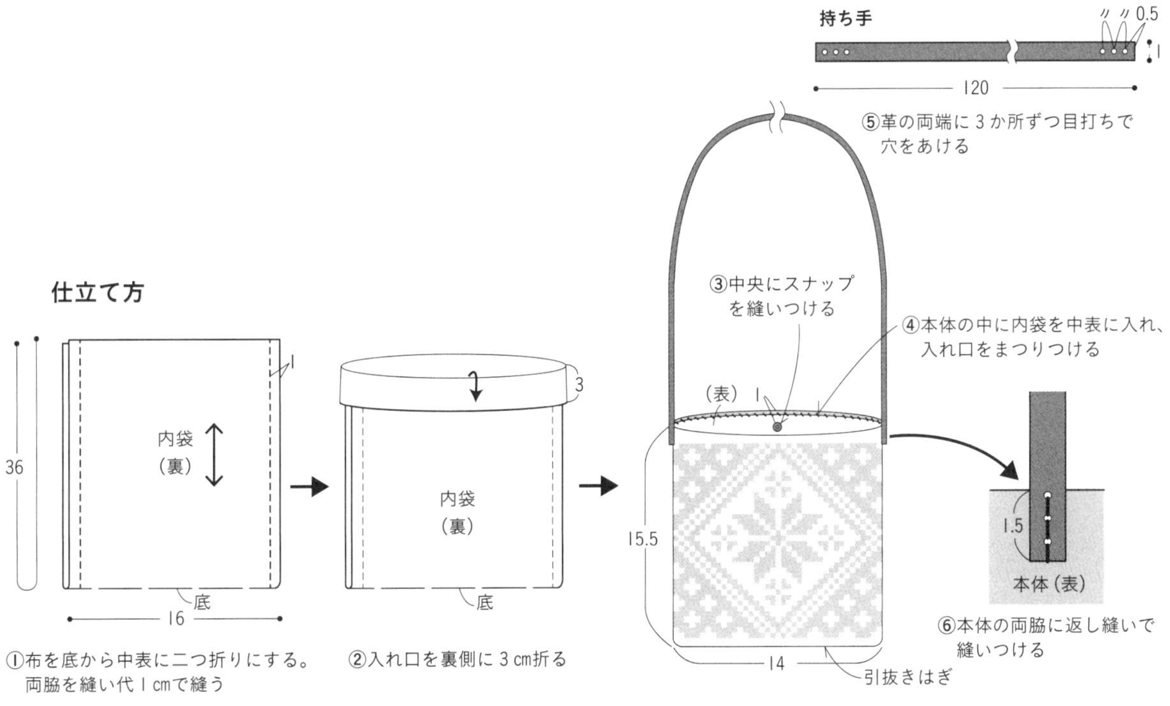
持ち手
0.5
1
120
⑤革の両端に3か所ずつ目打ちで
穴をあける
③中央にスナップ
を縫いつける
④本体の中に内袋を中表に入れ、
入れ口をまつりつける
(表)
1
36
内袋
(裏)
1
底
16
3
内袋
(裏)
底
15.5
14
引抜きはぎ
1.5
本体(表)
⑥本体の両脇に返し縫いで
縫いつける
①布を底から中表に二つ折りにする。
両脇を縫い代1cmで縫う
②入れ口を裏側に3cm折る

---

p.12 ヤドリギのセーター

材料 [DARUMA]シェットランドウール
チョコレート(3) 320g、オートミール(2) 33g、
フォレストグリーン(12) 13g、マスタード(6) 8g

用具 5号、4号2本棒針(輪針で往復編みの場合〈p.41を参照〉/5号、4号60cm輪針)、6号80cm、40cm輪針、4号40cm輪針

ゲージ メリヤス編み 23.5目31段が10cm四方
編込み模様 24目27段が10cm四方

寸法 胸回り94cm、着丈57cm、ゆき丈69cm

編み方 糸は1本どりで指定の配色、針の号数で編みます。

・後ろ身頃を編みます。

5号針で別鎖の裏山を拾う作り目で110目作り目します。続けてメリヤス編みで90段編みます。袖下まちは別糸に通して休み目にし、続けてメリヤス編みでラグラン線を、途中でヨーク線を減らしながら26段編み、残った目は休み目にします。糸をつけてヨーク線を伏せ目した後は左右対称に編みます。残った目は休み目にします。作り目の別鎖をほどき、4号針で目を110目拾います。2段めで100目に均等に減らし、1目ゴム編みを24段編みます。1目ゴム編み止め(往復編み)をします。

・前身頃を編みます。

5号針で別鎖の裏山を拾う作り目で110目作り目をします。続けてメリヤス編みで86段編みます。ヨーク線を減らしながら編み、90段まで編んだら袖下まちは別糸に通して休み目にします。ラグラン線を減らしながら18段編み、残った目は休み目にします。糸をつけてヨーク線を伏せ目した後は左右対称に編みます。残った目は休み目にします。作り目の別鎖をほどき、4号針で目を110目拾います。2段めで100目に均等に減らし、1目ゴム編みを24段編みます。1目ゴム編み止め(往復編み)をします。

・袖を編みます。

右袖は5号針で別鎖の裏山を拾う作り目で60目作り目します。続けてメリヤス編みで増しながら118段編みます。袖下まちは別糸に通して休み目にします。続けてメリヤス編みでラグラン線を、途中でヨーク線を減らしながら18段編み、残った目は休み目にします。糸をつけてヨーク線を伏せ目して同様に減目しながら26段編み、残った目は休み目にします。作り目の別鎖をほどき、4号針で目を60目拾います。1目ゴム編みを20段編みます。1目ゴム編み止め(往復編み)をします。左袖は対称に編みます。

・ヨーク、衿ぐりを編みます。

6号針で左袖、前身頃、右袖、後ろ身頃の順でヨーク線から拾い目します。編込み模様でヨークの減目をしながら輪に38段編みます。4号針に替え、1目ゴム編みを8段編みます。1目ゴム編み止め(輪編み)をします。

・仕上げます。

ラグラン線、脇、袖下をすくいとじ、袖下まちをメリヤスはぎします。ヨーク部分に毛糸(マスタード)1本どりでクロス・ステッチをします。

ポイント クロス・ステッチの交差する向きをそろえるときれいです。

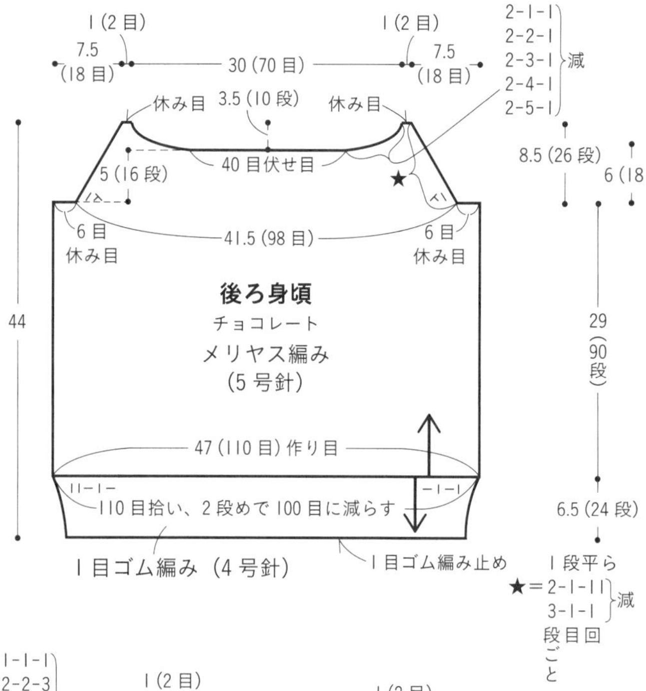
後ろ身頃
チョコレート
メリヤス編み
(5号針)
1(2目)
1(2目)
7.5
(18目)
30(70目)
7.5
(18目)
2-1-1
2-2-1
2-3-1
2-4-1
2-5-1
減
休み目
3.5(10段)
休み目
40目伏せ目
5(16段)
8.5(26段)
6(18段)
6目
休み目
41.5(98目)
6目
休み目
44
29
(90段)
47(110目)作り目
110目拾い、2段めで100目に減らす
6.5(24段)
1目ゴム編み(4号針)
1目ゴム編み止め
1段平ら
★＝2-1-11
3-1-1
減
段目回ごと

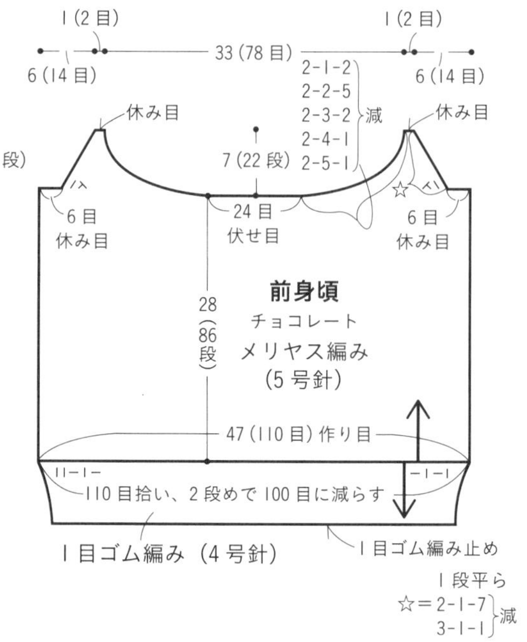
前身頃
チョコレート
メリヤス編み
(5号針)
1(2目)
1(2目)
6(14目)
33(78目)
6(14目)
2-1-2
2-2-5
2-3-2
2-4-1
2-5-1
減
休み目
休み目
7(22段)
6目
休み目
24目
伏せ目
6目
休み目
28
(86段)
47(110目)作り目
110目拾い、2段めで100目に減らす
1目ゴム編み(4号針)
1目ゴム編み止め
1段平ら
☆＝2-1-7
3-1-1
減

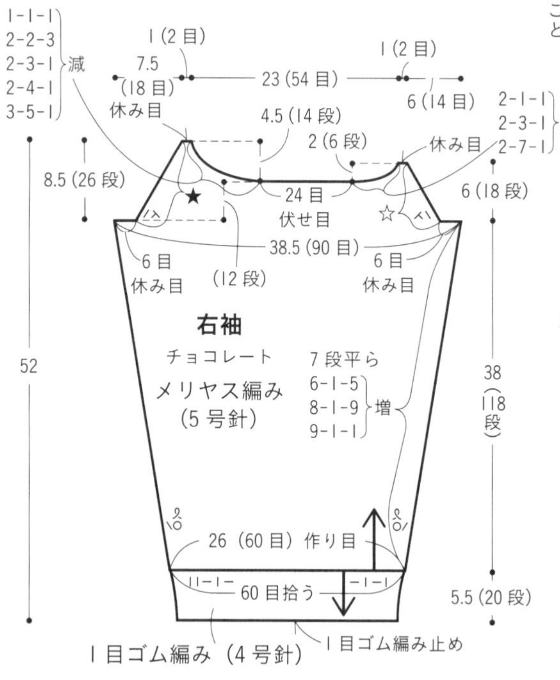
右袖
チョコレート
メリヤス編み
(5号針)
1-1-1
2-2-3
2-3-1
2-4-1
3-5-1
減
1(2目)
7.5
(18目)
休み目
23(54目)
1(2目)
6(14目)
2-1-1
2-3-1
2-7-1
減
4.5(14段)
2(6段)
休み目
8.5(26段)
24目
伏せ目
6(18段)
38.5(90目)
6目
休み目
(12段)
6目
休み目
52
7段平ら
6-1-5
8-1-9
9-1-1
増
38
(118段)
26(60目)作り目
60目拾う
5.5(20段)
1目ゴム編み(4号針)
1目ゴム編み止め

※左袖は左右対称に編む

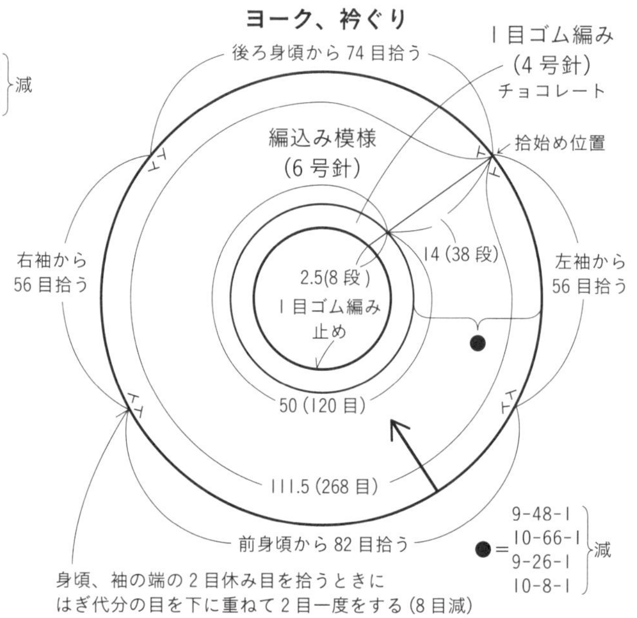
ヨーク、衿ぐり
後ろ身頃から74目拾う
1目ゴム編み
(4号針)
チョコレート
編込み模様
(6号針)
拾始め位置
14(38段)
右袖から
56目拾う
左袖から
56目拾う
2.5(8段)
1目ゴム編み
止め
50(120目)
111.5(268目)
前身頃から82目拾う
●＝
9-48-1
10-66-1
9-26-1
10-8-1
減
身頃、袖の端の2目休み目を拾うときに
はぎ代分の目を下に重ねて2目一度をする(8目減)

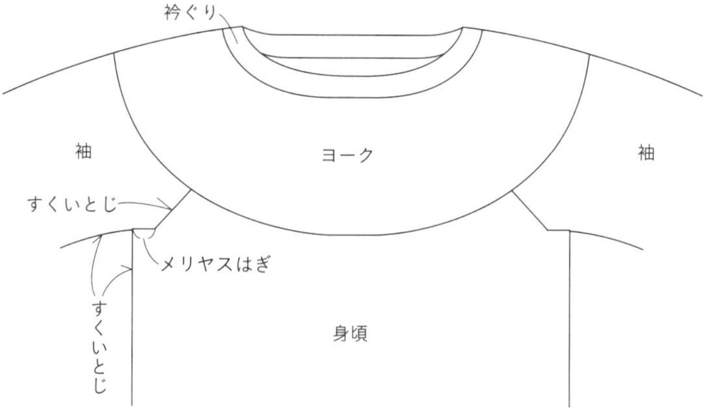
衿ぐり
袖
ヨーク
袖
すくいとじ
メリヤスはぎ
すくいとじ
身頃

後ろ身頃

メリヤス編み（5号針）

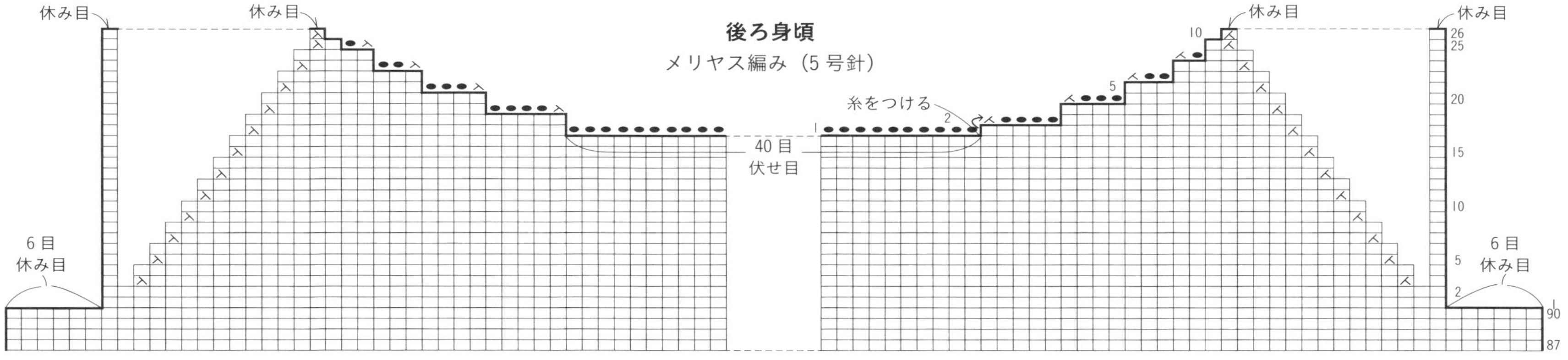
休み目
6目
休み目
40目
伏せ目
糸をつける
1
2
5
10
15
20
25
26
87
90

□＝表目

身頃、袖

1目ゴム編み（4号針）

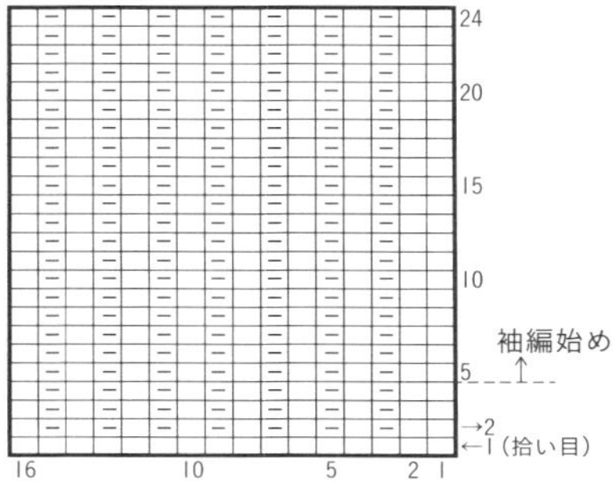
24
20
15
10
5
袖編始め
→2
←1（拾い目）
16
10
5
2
1

□＝表目
㊀＝裏目

前身頃

メリヤス編み（5号針）

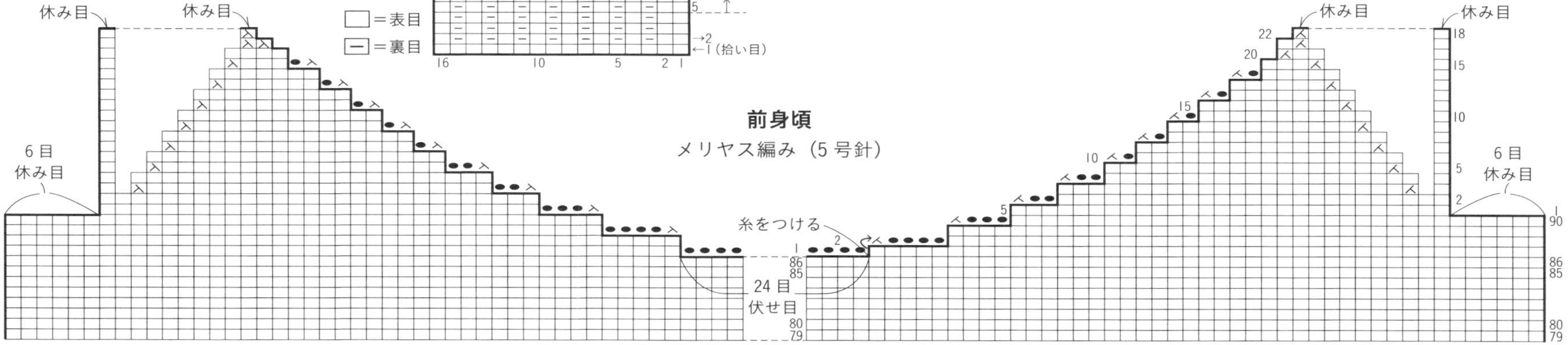
休み目
6目
休み目
24目
伏せ目
糸をつける
1
2
5
10
15
18
20
22
79
80
85
86
90

□＝表目

右袖

メリヤス編み（5号針）

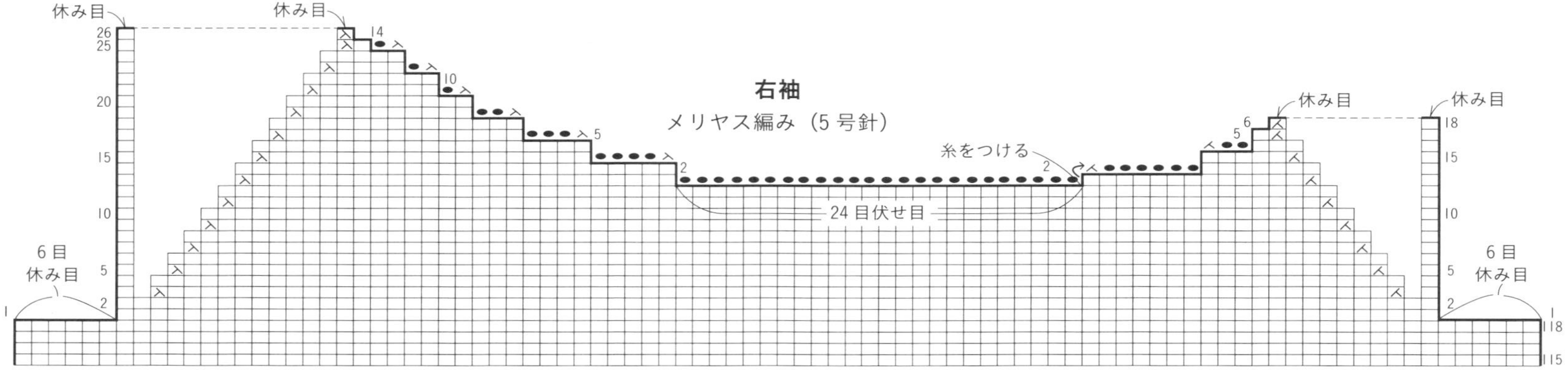

左袖

メリヤス編み（5号針）

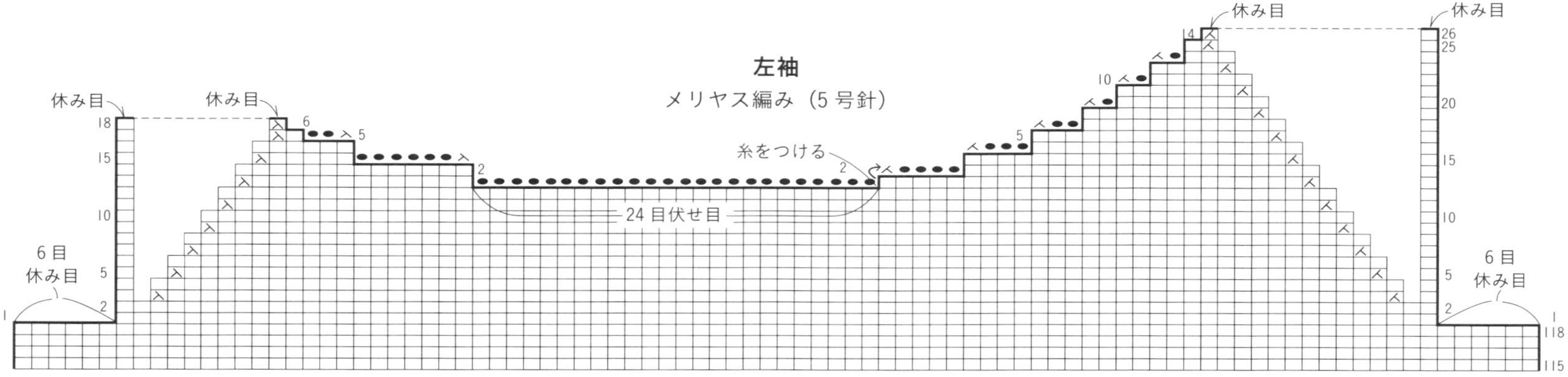

□＝表目

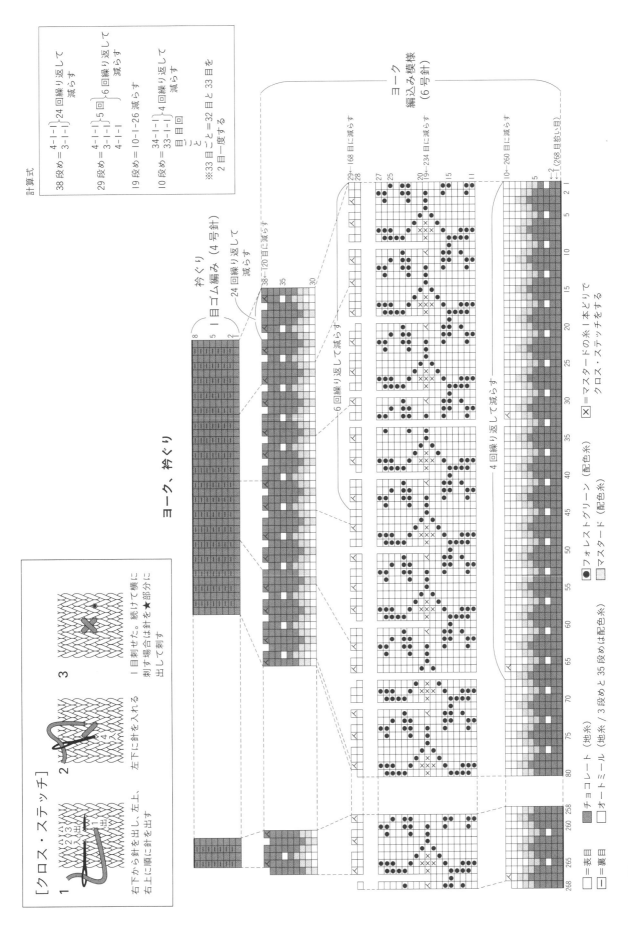

[クロス・ステッチ]

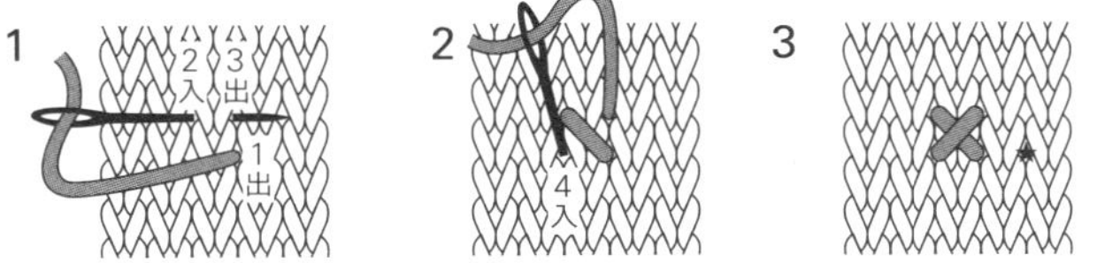
1
2 入
3 出
1 出
2
4 入
3
★

1 右下から針を出し、左上、右上に順に針を出す

2 左下に針を入れる

3 1目刺せた。続けて横に刺す場合は針を★部分に出して刺す

計算式

38段め＝4-1-1 / 3-1-1 }24回繰り返して減らす

29段め＝4-1-1 / 3-1-1 }5回 / 4-1-1 }6回繰り返して減らす

19段め＝10-1-26減らす

10段め＝34-1-1 / 33-1-1 }4回繰り返して減らす
（目ごと 目 回）

※33目ごと＝32目と33目を2目一度する

ヨーク、衿ぐり

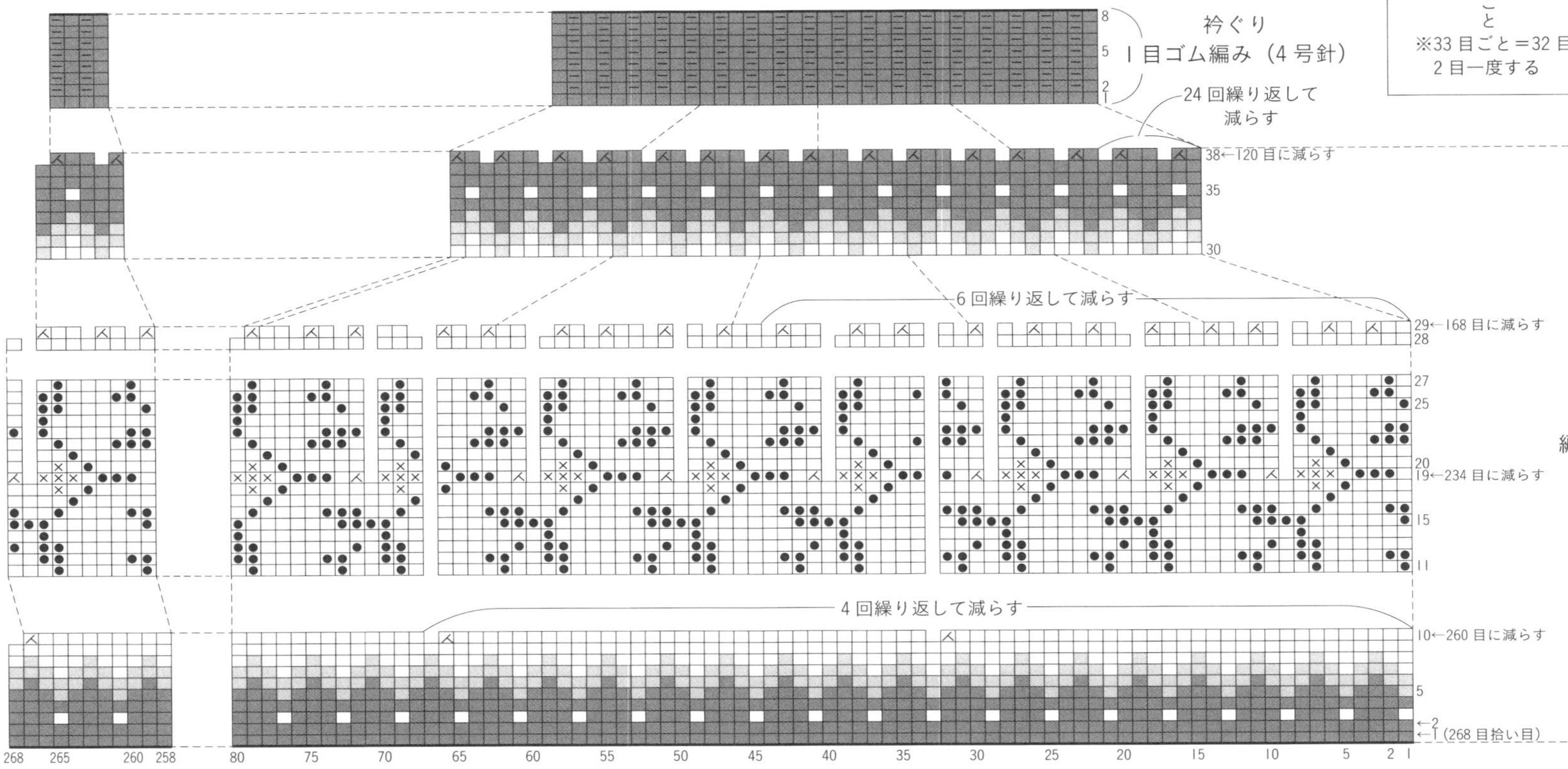
衿ぐり
1目ゴム編み（4号針）
8
5
2
1
24回繰り返して減らす
38←120目に減らす
35
30
6回繰り返して減らす
29←168目に減らす
28
27
25
20
19←234目に減らす
15
11
4回繰り返して減らす
10←260目に減らす
5
←2
←1（268目拾い目）
ヨーク
編込み模様
（6号針）
268
265
260
258
80
75
70
65
60
55
50
45
40
35
30
25
20
15
10
5
2
1

□＝表目
⊟＝裏目
■チョコレート（地糸）
□オートミール（地糸／3段めと35段めは配色糸）
●フォレストグリーン（配色糸）
▨マスタード（配色糸）
☒＝マスタードの糸1本どりでクロス・ステッチをする

Gotland's flower ベスト

<u>材料</u>　[Jamieson's Spinning (Shetland)] スピンドリフト
グレー(103 / Sholmit) 158g、
濃紺(730 / Dark Navy) 81g
<u>用具</u>　3号80cm、60cm、40cm輪針、2号60cm、40cm輪針
(マジックループの場合〈p.41を参照〉
/ 3号、2号80cm輪針)
<u>ゲージ</u>　編込み模様 31目32段が10cm四方
<u>寸法</u>　胸回り93cm、着丈58.5cm、背肩幅36.5cm

<u>編み方</u>　糸は1本どりで指定の配色、針の号数で編みます。
・前後身頃を編みます。
3号針で別鎖の裏山を拾う作り目で288目作り目し、輪にします(p.38を参照)。編込み模様を86段編みます。袖ぐり、衿ぐり、スティークを編み(p.38を参照)ながら、74段編みます。前後身頃を中表に合わせ肩やスティークをはぎ、スティークを切ります(p.38、39を参照)。
・仕上げます。
袖ぐり、衿ぐりから2号針で拾い目し(p.39を参照)、輪にして2目ゴム編みを10段編みます。2目ゴム編み止め(輪編み)をします。スティークを処理します(p.39を参照)。身頃の作り目の別鎖をほどき、目を輪に拾います。2目ゴム編みで22段編みます。2目ゴム編み止め(輪編み)をします。

<u>ポイント</u>　作り目と裾の拾う目数が同じなので裾(2目ゴム編み)から編み始めてもかまいません。その場合、指でかける作り目で大丈夫です。また、2目ゴム編み止めは伏止め(表目は表編み、裏目は裏編みしながら)でもかまいません。ただし、衿ぐりは頭が入ることを確認してください。

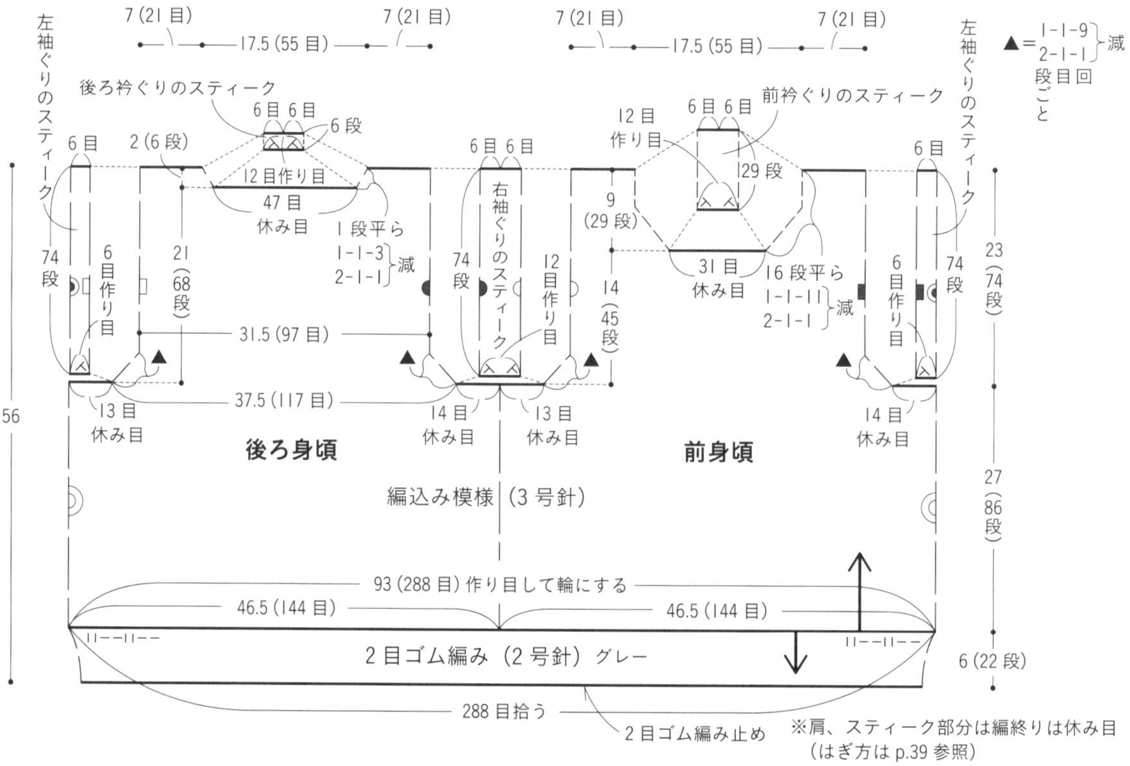

左袖ぐりのスティーク
7 (21目)
17.5 (55目)
7 (21目)
後ろ衿ぐりのスティーク
6目 6目
6段
6目
2 (6段)
12目作り目
47目
休み目
1段平ら
1-1-3
2-1-1
減
74段
6目作り目
21 (68段)
31.5 (97目)
37.5 (117目)
13目 休み目
14目 休み目
右袖ぐりのスティーク
12目作り目
9 (29段)
14 (45段)
前衿ぐりのスティーク
12目作り目
29段
31目 休み目
16段平ら
1-1-11
2-1-1
減
▲＝1-1-9 2-1-1 減 段目回ごと
23 (74段)
27 (86段)
56
後ろ身頃
前身頃
編込み模様 (3号針)
93 (288目) 作り目して輪にする
46.5 (144目)
46.5 (144目)
2目ゴム編み (2号針) グレー
6 (22段)
288目拾う
2目ゴム編み止め
※肩、スティーク部分は編終りは休み目
(はぎ方はp.39参照)

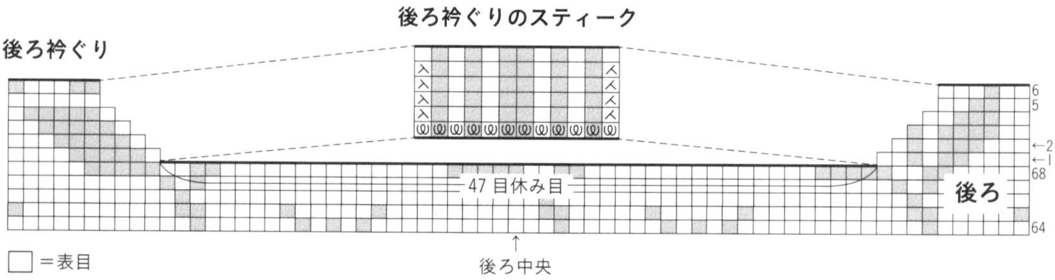

後ろ衿ぐりのスティーク
後ろ衿ぐり
47目休み目
後ろ
6
5
←2
←1
68
64
後ろ中央

□ ＝表目

□ グレー (地糸)
■ 濃紺 (配色糸)

編込み模様（3号針）

□ ＝表目

□ グレー（地糸）

■ 濃紺（配色糸）

前衿ぐりのスティーク

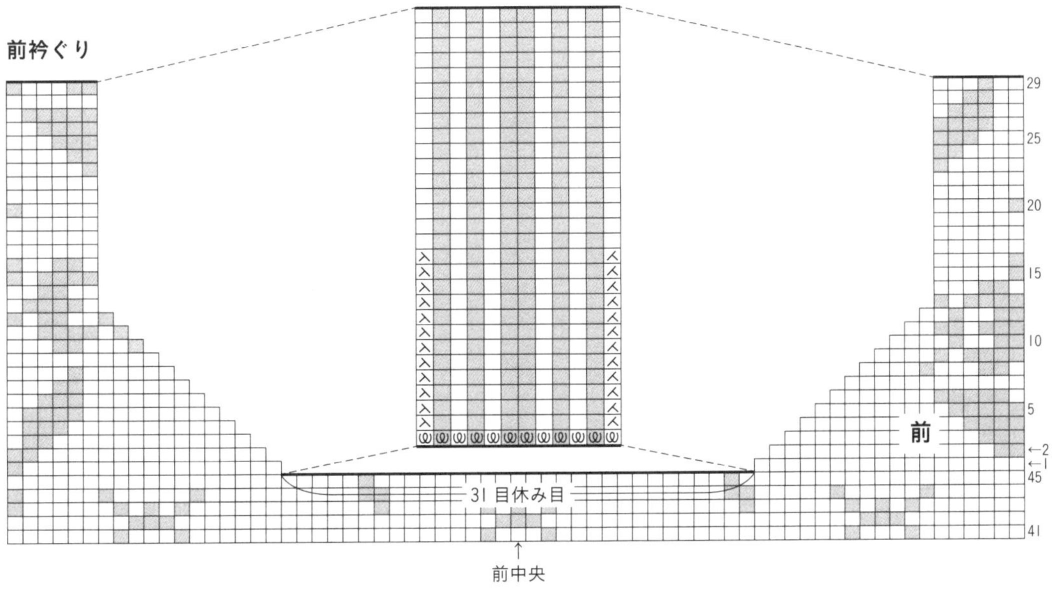

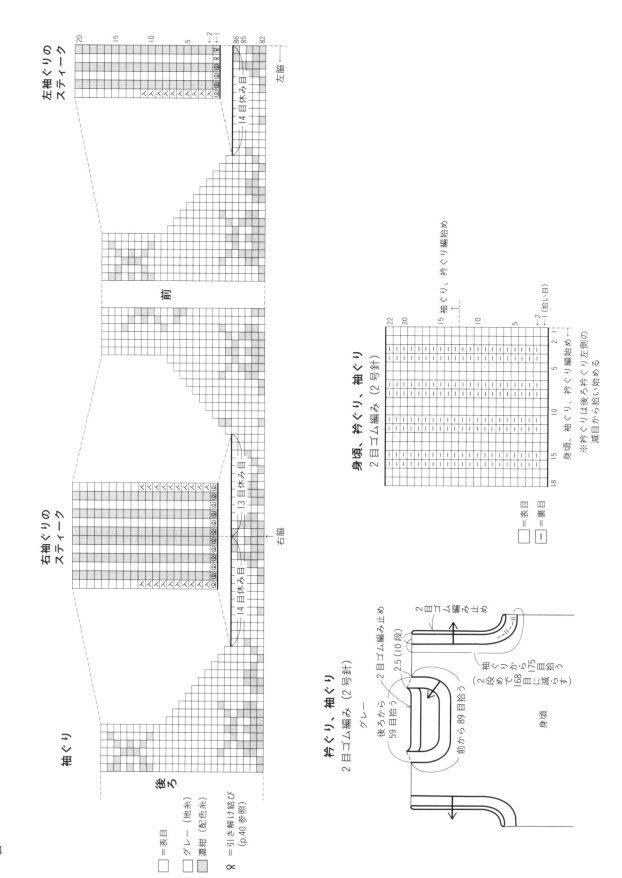

□ ＝表目

□ グレー（地糸）

▨ 濃紺（配色糸）

ꝏ ＝引き解け結び
（p.40参照）

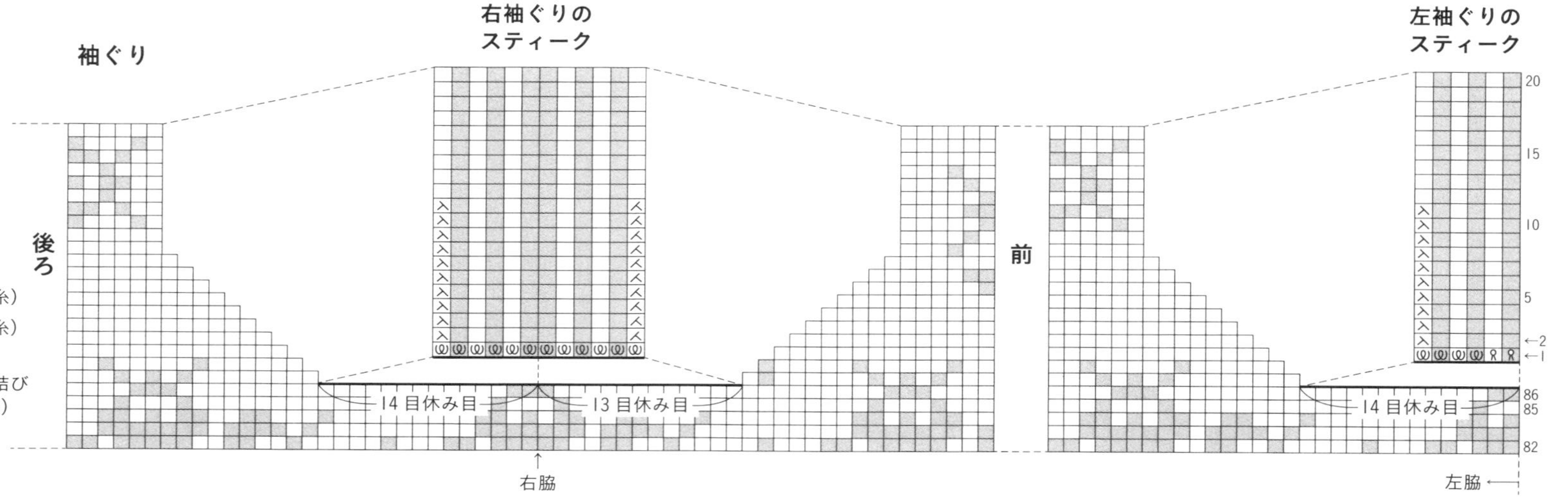
袖ぐり
右袖ぐりの
スティーク
左袖ぐりの
スティーク
後ろ
前
14目休み目
13目休み目
14目休み目
右脇
左脇
20
15
10
5
2
1
86
85
82

衿ぐり、袖ぐり

2目ゴム編み（2号針）

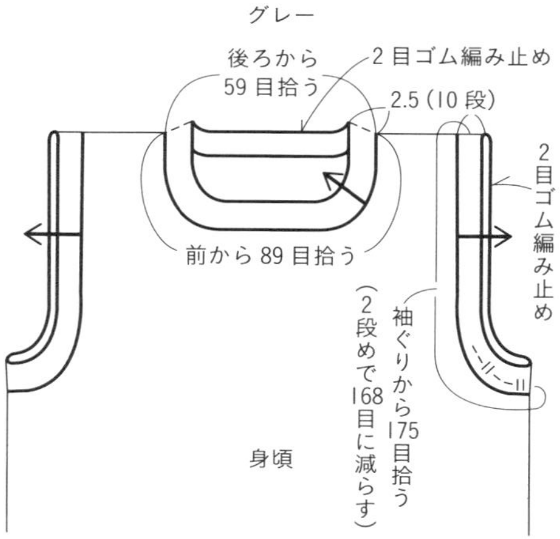
グレー
後ろから
59目拾う
2目ゴム編み止め
2.5（10段）
前から89目拾う
2目ゴム編み止め
袖ぐりから175目拾う
（2段めで168目に減らす）
身頃

身頃、衿ぐり、袖ぐり

2目ゴム編み（2号針）

□ ＝表目

⊟ ＝裏目

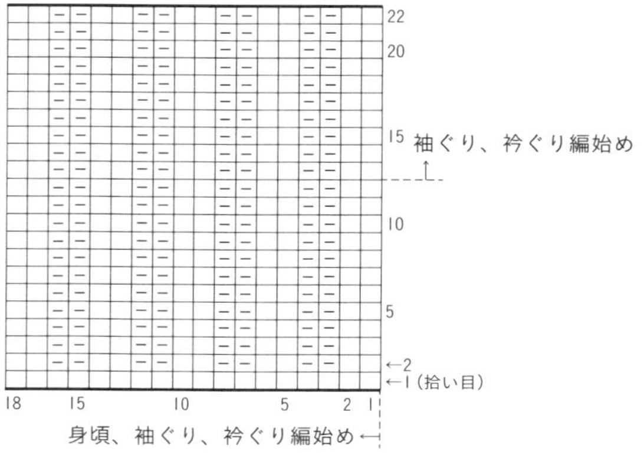
22
20
15
10
5
2
1（拾い目）
袖ぐり、衿ぐり編始め
18
15
10
5
2
1
身頃、袖ぐり、衿ぐり編始め

※衿ぐりは後ろ衿ぐり左側の
減目から拾い始める

p.16　バスケットアランセーター

材料　[DARUMA]チェビオットウール きなり(1) 600g
用具　8号、7号2本棒針(輪針で往復編みの場合〈p.41を参照〉/8号、7号80cm輪針)、7号40cm輪針
ゲージ　模様編みA 32目が13cm、26段が10cm
模様編みA' 14目が6cm、26段が10cm
模様編みB 23目26段が10cm四方
模様編みC 16目が9cm、26段が10cm
寸法　胸回り102cm、着丈59cm、背肩幅43cm、袖丈50.5cm(ゆき丈72cm)

編み方　糸は1本どりで指定の針の号数で編みます。

・前後身頃を編みます。
7号針で指で針にかける作り目で100目作り目します。続けて1目ゴム編みで18段編みます。8号針に替え、1段めで増し目をして110目にします。模様編みA、B、Cで68段編みます。袖下まちは別糸に通して休み目にし、続けて模様編みA、B、Cで52段編みます(袖ぐりの1段め記号図の解説はp.40を参照)。肩は引返しをし、休み目にします。衿ぐりを伏せ目して減らしながら編みます。

・袖を編みます。
7号針で指で針にかける作り目で60目作り目します。続けて1目ゴム編みで14段編みます。8号針に替え、1段めで増し目をして62目にします。模様編みA'、B、Cで袖下を増しながら116段編みます。

・仕上げます。
肩を引抜きはぎします。衿ぐりを拾い目して7号針で輪に1目ゴム編みで8段編みます。1目ゴム編み止め(輪編み)をします。身頃と袖、袖下まちを目と段のはぎをします。脇と袖下をすくいとじします。

ポイント　このセーターのゆき丈は少し長めになっています。短く調整したい場合は1目ゴム編みを編んだ後、袖1段めで60目から66目に目を増し、2段めで記号図の18段めを編みます(2～17段めをとばす)。以降19段めからは同じに編みます。この方法でゆき丈が6cmほど短くできます。

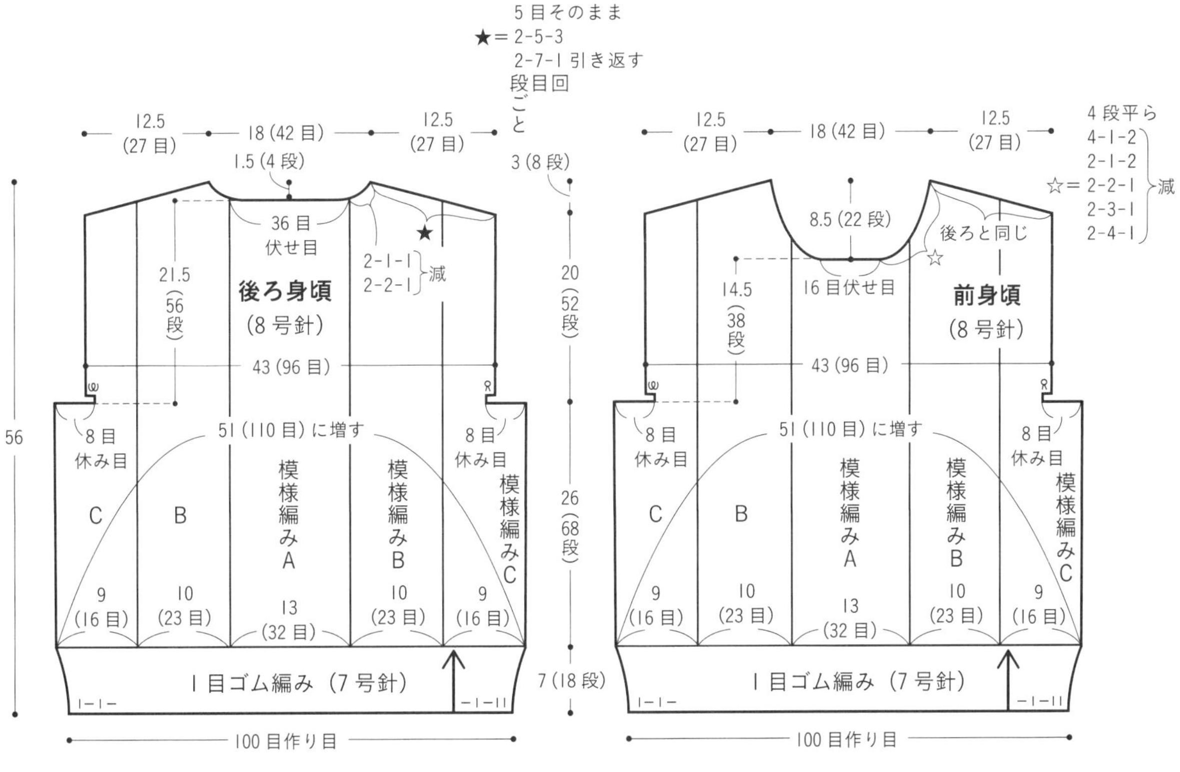

＝引き解け結び (p.40参照)

前後身頃　模様編み（8号針）

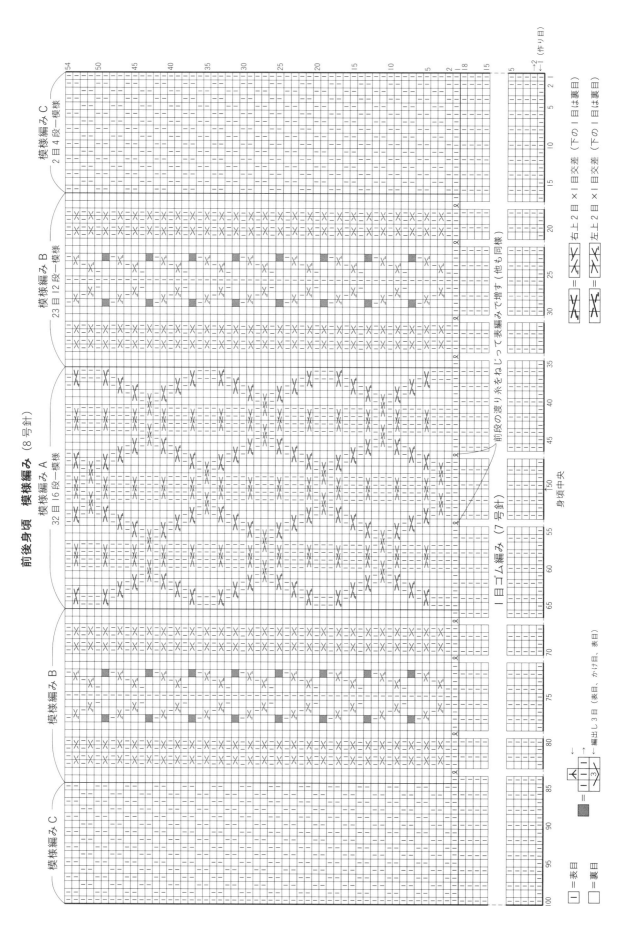

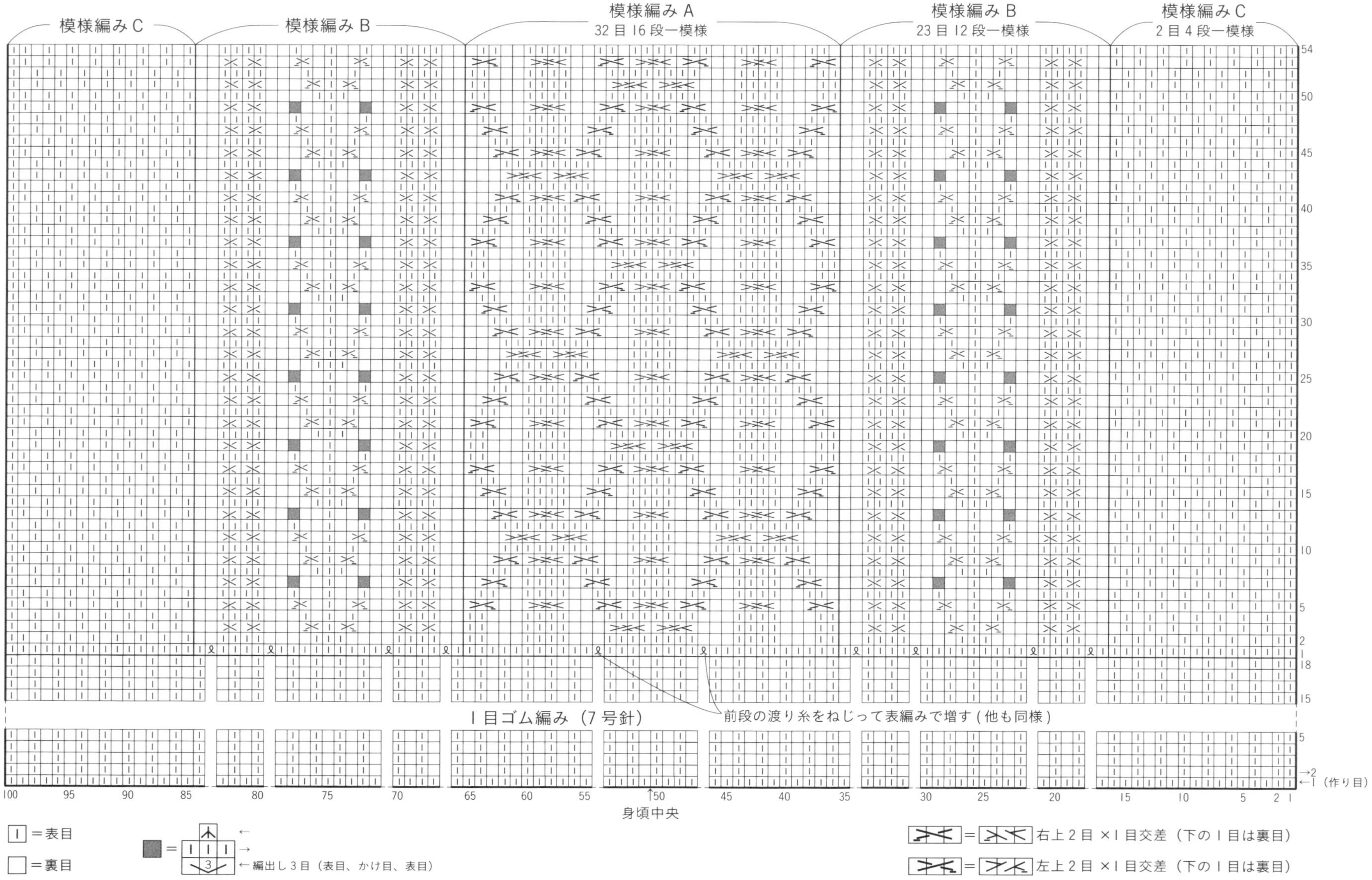
模様編みC
模様編みB
模様編みA
32目16段一模様
模様編みB
23目12段一模様
模様編みC
2目4段一模様
1目ゴム編み（7号針）
前段の渡り糸をねじって表編みで増す（他も同様）
身頃中央
(作り目)
□＝表目
□＝裏目
←編出し3目（表目、かけ目、表目）
右上2目×1目交差（下の1目は裏目）
左上2目×1目交差（下の1目は裏目）

後ろ身頃の肩の引返しと衿ぐり

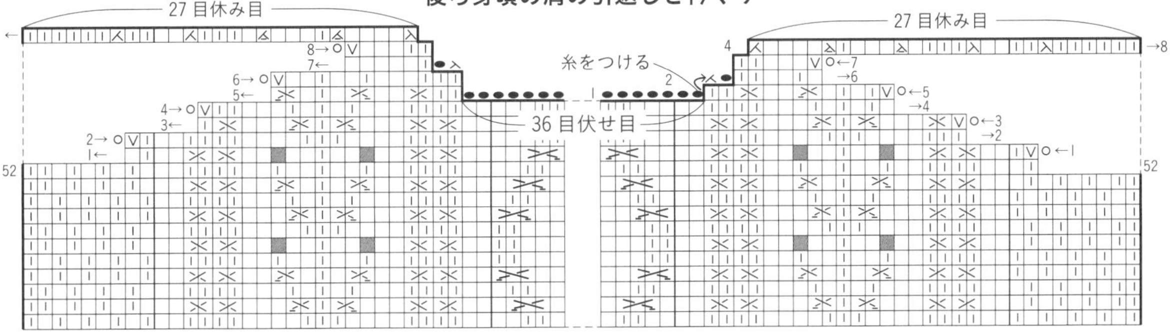

27目休み目
27目休み目
糸をつける
36目伏せ目
8→
7←
6→
5←
4→
3←
2→
1←
52
52
4
→8
←7
→6
←5
→4
←3
→2
←1

○＝かけ目

袖　模様編み（8号針）

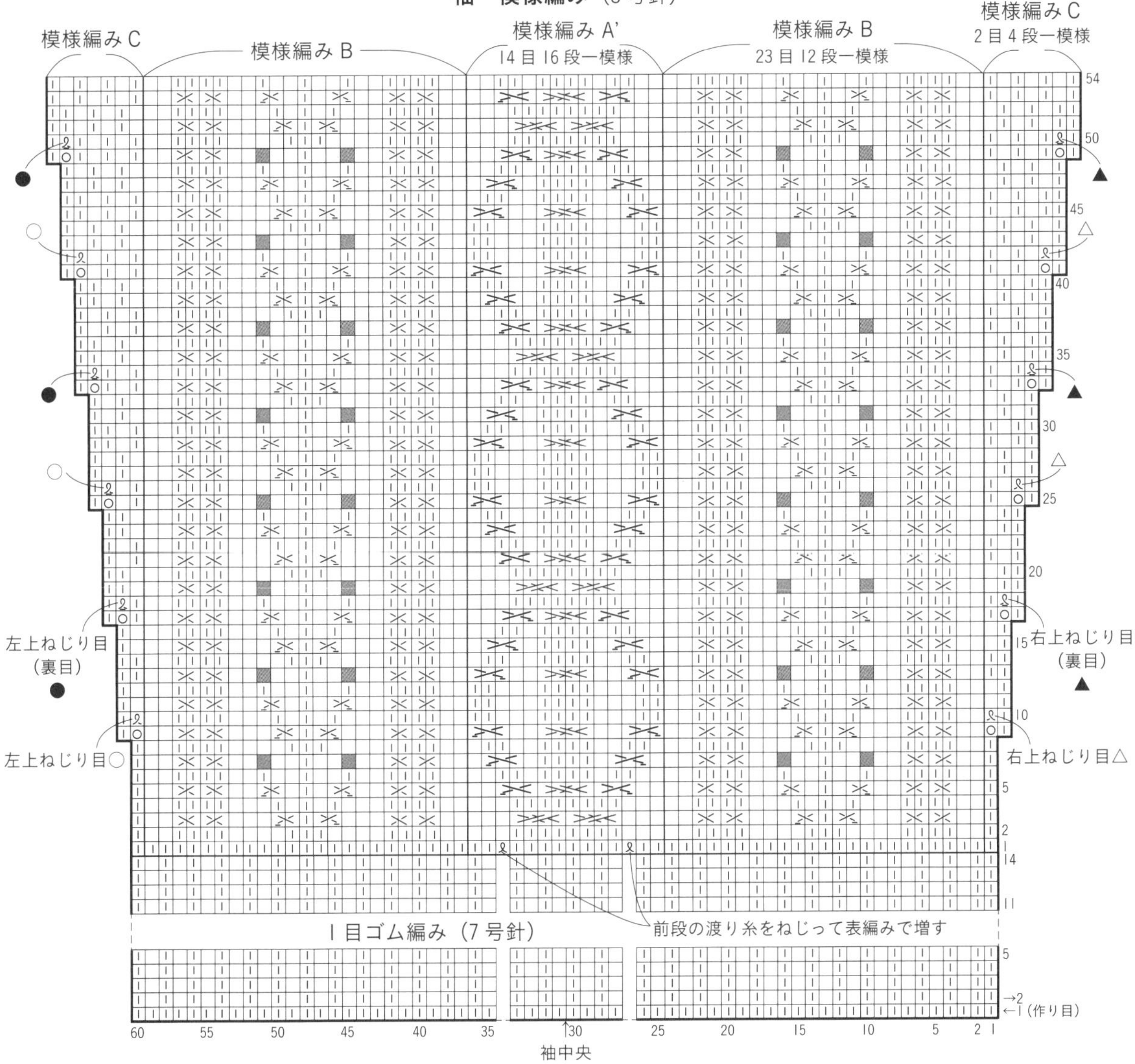

模様編みC
模様編みB
模様編みA'
14目16段一模様
模様編みB
23目12段一模様
模様編みC
2目4段一模様
左上ねじり目
（裏目）
左上ねじり目○
右上ねじり目
（裏目）
右上ねじり目△
1目ゴム編み（7号針）
前段の渡り糸をねじって表編みで増す
→2
←1（作り目）
袖中央

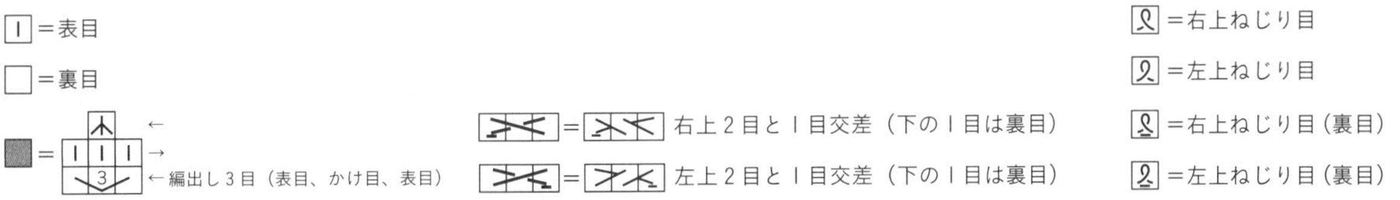

＝表目
＝裏目
＝
編出し3目（表目、かけ目、表目）
＝
右上2目と1目交差（下の1目は裏目）
＝
左上2目と1目交差（下の1目は裏目）
＝右上ねじり目
＝左上ねじり目
＝右上ねじり目（裏目）
＝左上ねじり目（裏目）

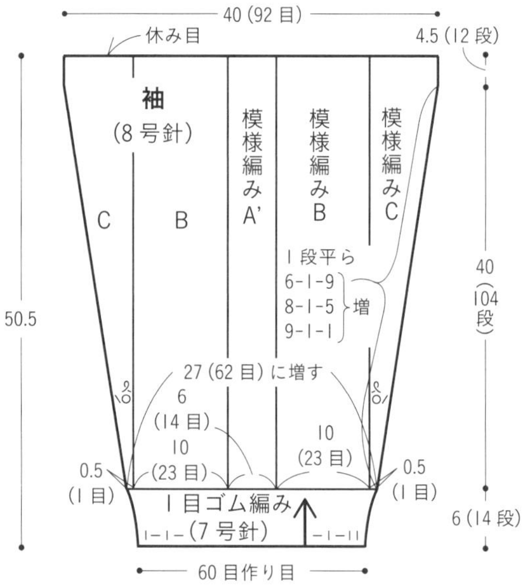
40（92目）
休み目
4.5（12段）
袖
（8号針）
C
B
模様編みA'
模様編みB
模様編みC
1段平ら
6-1-9
8-1-5
9-1-1
増
40
（104段）
50.5
27（62目）に増す
6
（14目）
10
（23目）
10
（23目）
0.5
（1目）
0.5
（1目）
1目ゴム編み
（7号針）
6（14段）
60目作り目

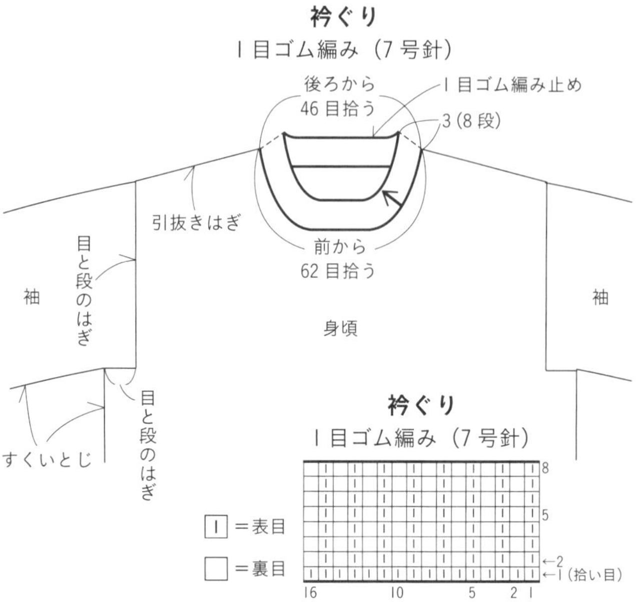
衿ぐり
1目ゴム編み（7号針）
後ろから
46目拾う
1目ゴム編み止め
3（8段）
引抜きはぎ
前から
62目拾う
目と段のはぎ
袖
身頃
袖
目と段のはぎ
すくいとじ
衿ぐり
1目ゴム編み（7号針）
8
5
2
1（拾い目）
16
10
5
2 1
｜＝表目
□＝裏目

---

p.19　ハグマフラー

材料　［オステルヨートランド羊毛紡績］ヴィシュ
ハマナス赤（10）96g

用具　6号短5本棒針（マジックループの場合〈p.41を参照〉／6号80㎝輪針）

ゲージ　メリヤス編み22.5目30段が10㎝四方

寸法　幅8㎝、丈138㎝

編み方　糸は1本どりで編みます。

・本体を編みます。
別鎖の裏山を拾う作り目で36目作り目し、輪にします。続けてメリヤス編みで330段編みます。

・ミトンAを編みます。
本体から続けてメリヤス編みを編みます。途中、親指まちの増し目をしながら13段まで編みます。親指穴部分は別糸を通し、休ませておきます。次の段の巻き目で作り目し、17段編みます。指先は減し目をしながら12段編みます。最終段の6目に糸を2回通し、絞ります。

・親指Aを編みます。
ミトンAの休み目と巻き目から12目拾い目をし、輪に編みます。続けてメリヤス編みで12段編み、13段めで目を減らします。最終段の6目に糸を2回通し、絞ります。ミトンA、親指Aの糸端を始末しておきます。

・ミトンBを編みます。
本体の作り目の別鎖をほどき、目を36目拾います。糸をつけてミトンAと同様に編みますが、本体の糸端、ミトンBの編始めの糸端は数段編んだら始末しておきます（でき上がると編み地の裏側が見えなくなり、糸端の始末がしにくいため）。

・親指Bを編みます。
親指Aと同様に編みます。糸端（ミトンBの編終りも含む）を編み地の内側（裏側）に入れ込み、始末します。

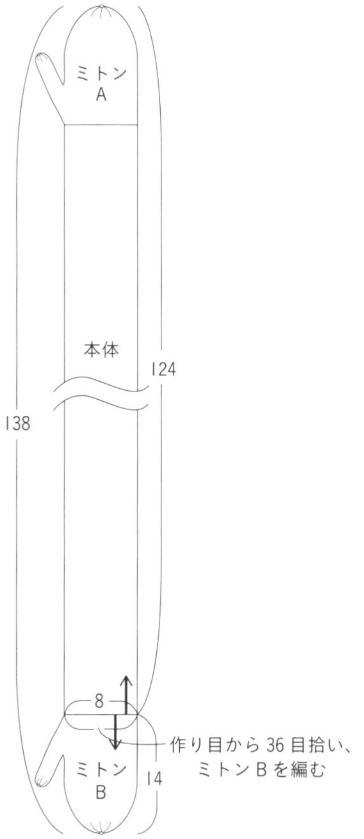
ミトン
A
本体
124
138
8
作り目から36目拾い、
ミトンBを編む
ミトン
B
14

親指 A、B

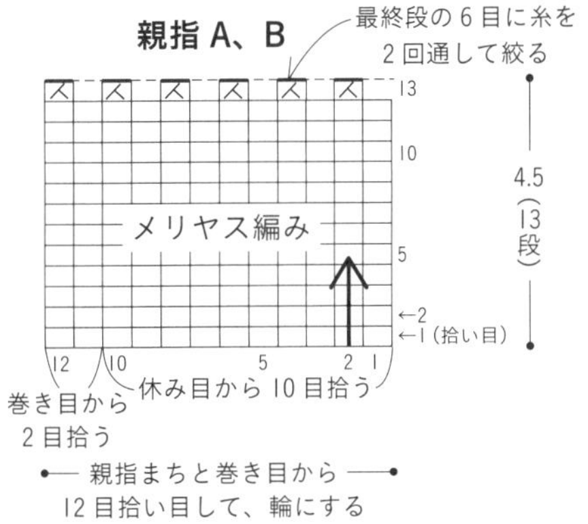
最終段の6目に糸を
2回通して絞る
メリヤス編み
13
10
5
←2
←1(拾い目)
4.5
(13段)
12
10
5
2
1
巻き目から
2目拾う
休み目から10目拾う
親指まちと巻き目から
12目拾い目して、輪にする

本体、ミトン A、B

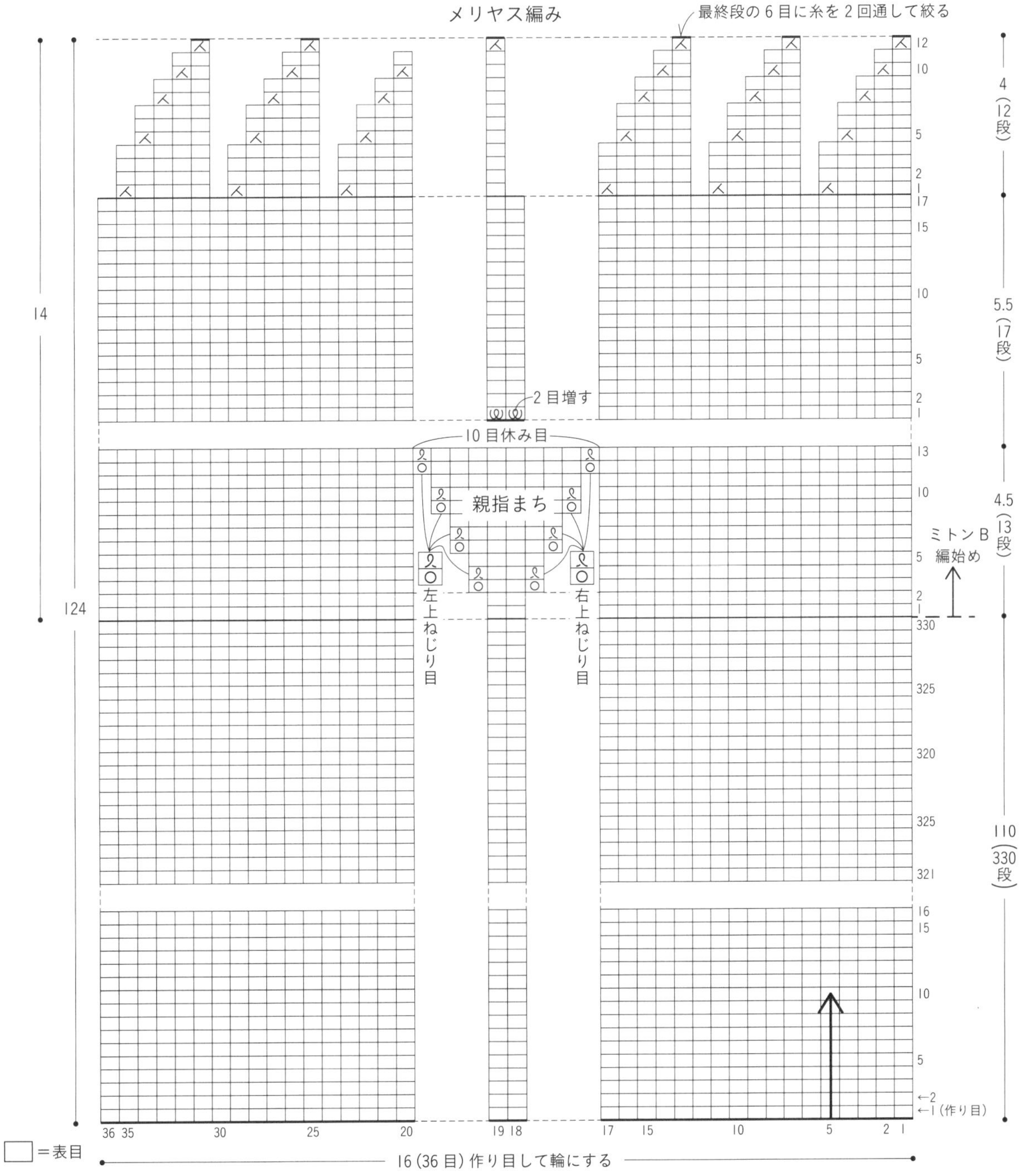
メリヤス編み
最終段の6目に糸を2回通して絞る
2目増す
10目休み目
親指まち
左上ねじり目
右上ねじり目
ミトンB
編始め
14
124
4
(12段)
5.5
(17段)
4.5
(13段)
110
(330段)
12
10
5
2
1
17
15
10
5
2
1
13
10
5
2
1
330
325
320
325
321
16
15
10
5
←2
←1(作り目)
36
35
30
25
20
19
18
17
15
10
5
2
1
□=表目
16(36目)作り目して輪にする

p.18　バスケットアランの帽子

材料　[DARUMA]チェビオットウール きなり(1)65g

用具　8号40cm輪針、短4本棒針(マジックループの場合〈p.41を参照〉/ 8号80cm輪針)、7号40cm輪針

ゲージ　模様編みA 18目が7cm、26段が10cm
模様編みB 11目が5cm、26段が10cm
模様編みC 4目が2cm、26段が10cm

寸法　頭回り48cm、深さ19.5cm

編み方　糸は1本どりで指定の針の号数で編みます。
7号針で指で針にかける作り目で102目作り目し、輪にします。続けて1目ゴム編みで8段編みます。8号針に替え、1段めで増し目をして111目にします。模様編みA、B、Cで32段編みます。続けて減し目をしながら11段編みます。最終段の21目に糸を2回通し、絞ります。

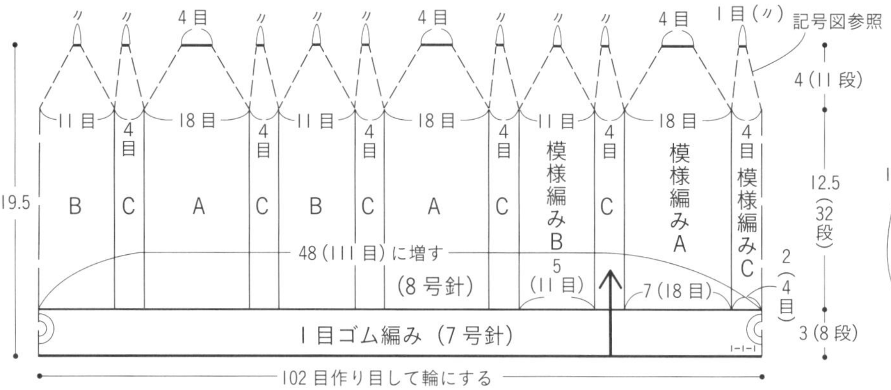

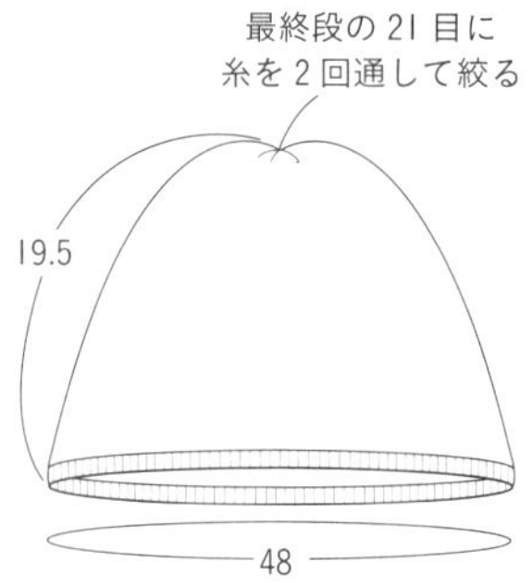

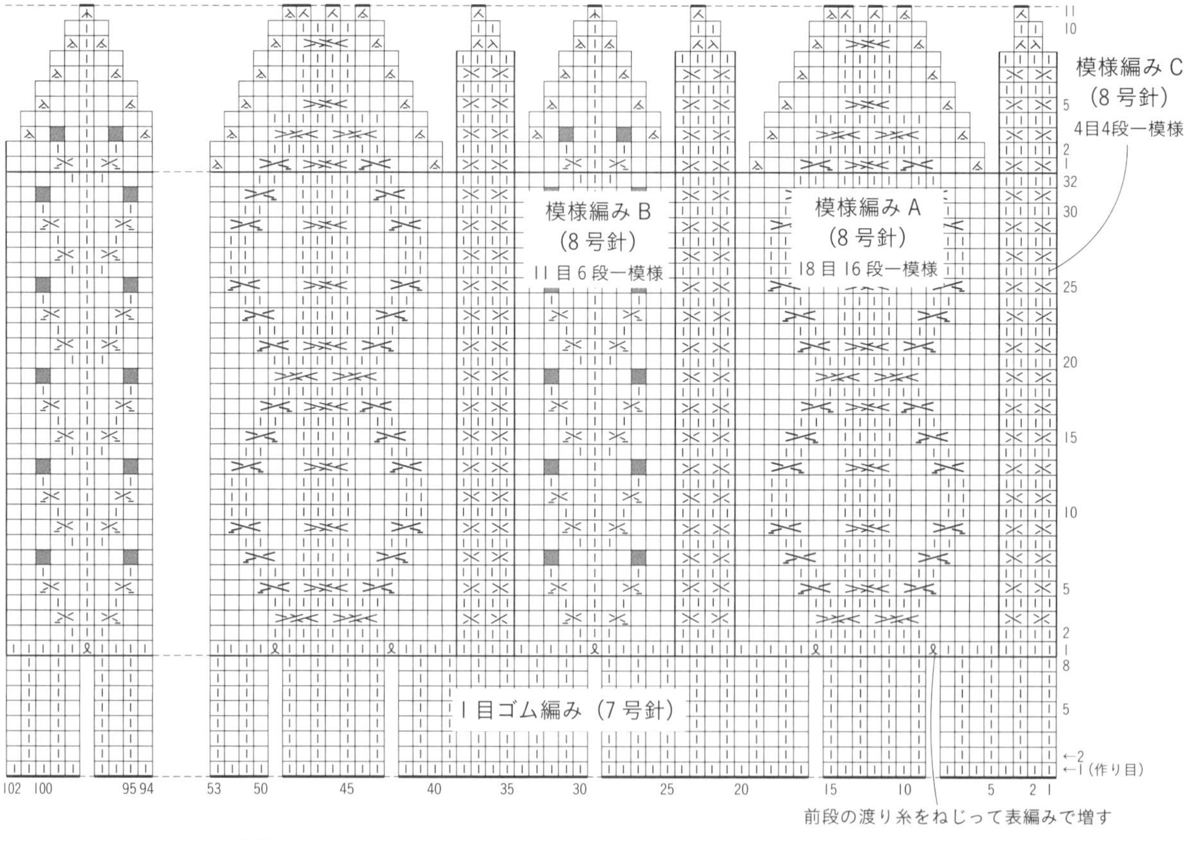

p.20　カシミヤクルーネックカーディガン

材料　[DARUMA]カシミヤリリー ライトグレー(2) 285g
用具　6号、5号2本棒針(輪針で往復編みの場合〈p.41を参照〉/6号・5号60cm輪針)
付属　直径1.5cmのボタン 7個
カボタン(透明) 7個
ゲージ　メリヤス編み 23目32段が10cm四方
寸法　胸回り94.5cm、着丈68cm、背肩幅34.5cm、袖丈58.5cm

編み方　糸は1本どりで指定の針の号数で編みます。

・後ろ身頃を編みます。
5号針で指で針にかける作り目で107目作り目します。続けて1目ゴム編みで42段編みます。6号針に替えて、メリヤス編みを編みます。メリヤス編みの1段めで増し目をし、100段編みます。袖ぐりを減らしながら64段編みます。肩は引返しをし、休み目にします。衿ぐりは伏せ目をして減らしながら編みます。

・前身頃を編みます。
5号針で指で針にかける作り目で52目作り目します。続けて1目ゴム編みで42段編みます。6号針に替えて、メリヤス編みを100段編みます。袖ぐりを減らしながら64段編みます。肩は引返しをし、休み目にします。衿ぐりは伏せ目をして減らしながら編みます。

・袖を編みます。
5号針で指で針にかける作り目で48目作り目します。続けて1目ゴム編みで32段編みます。6号針に替えて、メリヤス編みで袖下を増しながら110段編みます。続けて袖山を減らしながら48段編みます。伏止めをします。

・前立てを編みます。
5号針で指で針にかける作り目で11目作り目します。続けて1目ゴム編みで157段編みます。編終りはきつめに伏止めをします。右前立てはボタン穴をあけて編みます。前立ては身頃の前端と寸法がそろうようにスチームアイロンで縦方向に編み地を伸ばしながら前端の長さと同じ寸法になるように整えます。
※前立てと前端の長さが同じ寸法にならない場合は下記のように前立てを編みます。
①前立ての編終りの伏止めをする前にスチームアイロンで縦方向に編み地を伸ばしながらかけます。
②編み地が完全に冷めたら前立てと前端の長さをはかります。前端の長さに合わせて、前立ての不足分の段数を編み足し(段数が多い場合はほどいて減らす)、編終りの伏止めをします。
③段数を増減した場合は右前立てはボタン穴をあけずに左前立てと同じ段数編み、最後にボタンホール(無理穴)をあけます(p.37を参照)。

・仕上げます。
肩を引抜きはぎします。衿ぐりを拾い目をして5号針で1目ゴム編みで7段編みます。編終りはきつめに(特にカーブ部分)伏止めをします。脇と袖下をすくいとじします。前立てと前端をすくいとじします。袖山と袖ぐりを引抜きとじします。左前立てにボタンをつけます。

ポイント　編み終わったら、紡績油を落とすために一度洗ってください。着て、洗うを繰り返すことでカシミヤ本来のふわふわした感触になるとともに、丈が少しずつ縮みます。そのため着丈、袖丈は長めに製図しています。衿ぐりは伸び止めのため伏止めにしました。

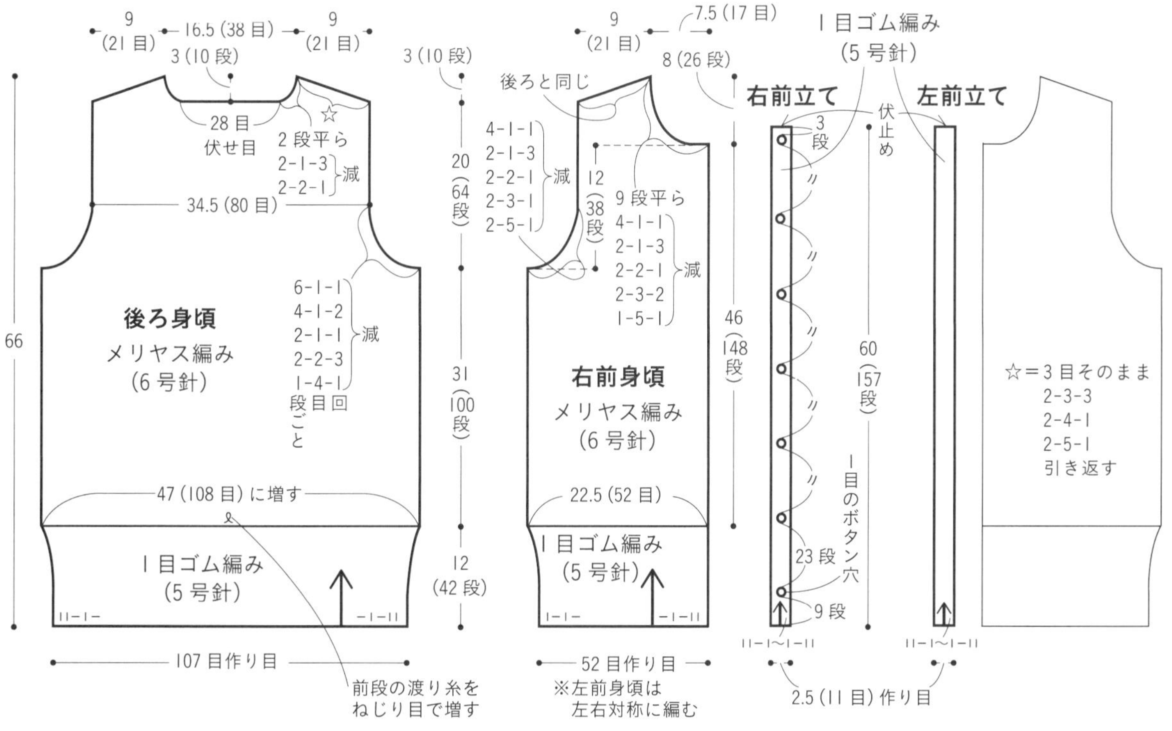

後ろ身頃の肩の引返しと衿ぐり

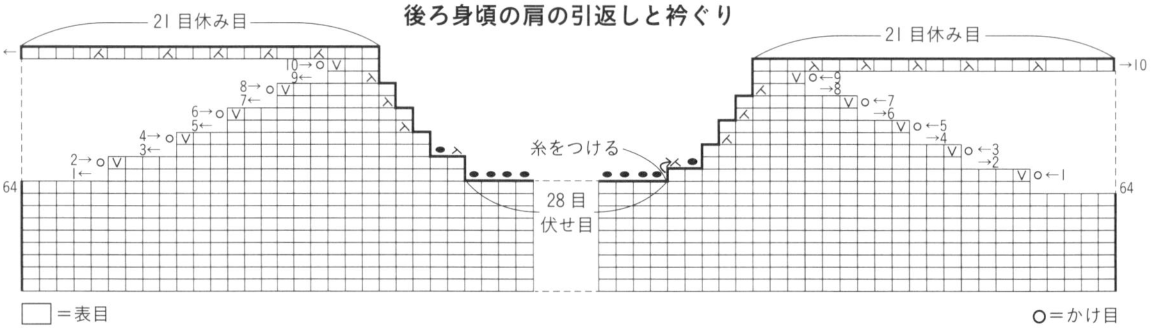

21目休み目
21目休み目
10→
9←
8→
7←
6→
5←
4→
3←
2→
1←
←9
→8
←7
→6
←5
→4
←3
→2
←1
→10
64
64
糸をつける
28目
伏せ目
□＝表目
○＝かけ目

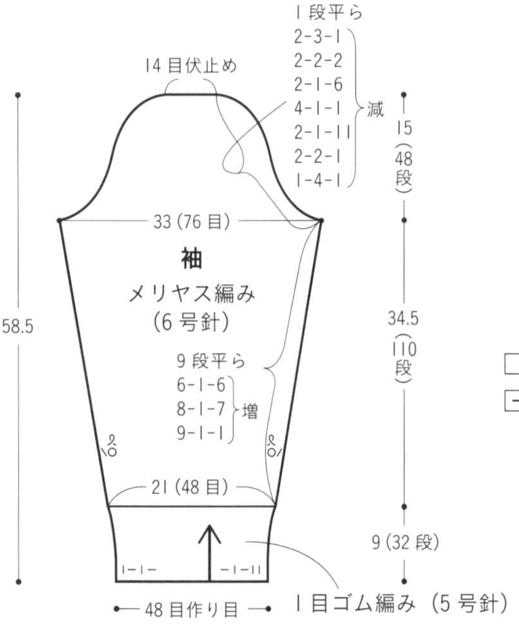

1段平ら
2-3-1
2-2-2
2-1-6
4-1-1
2-1-11
2-2-1
1-4-1
減
14目伏止め
15
（48段）
33（76目）
袖
メリヤス編み
（6号針）
58.5
34.5
（110段）
9段平ら
6-1-6
8-1-7
9-1-1
増
21（48目）
9（32段）
48目作り目
1目ゴム編み（5号針）

身頃、袖、衿ぐり

1目ゴム編み（5号針）

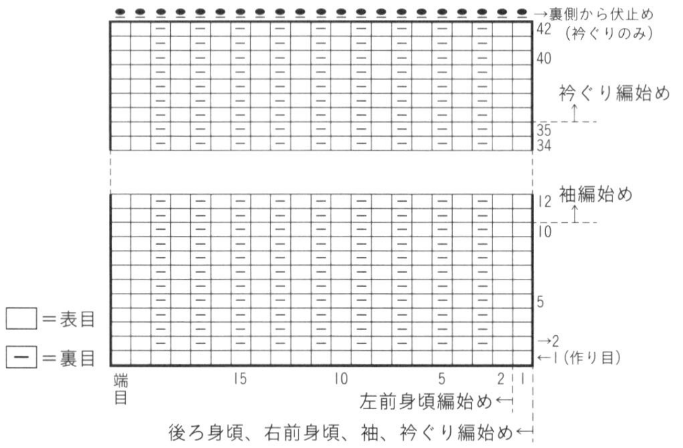

→裏側から伏止め
（衿ぐりのみ）
42
40
衿ぐり編始め
35
34
12
袖編始め
10
5
→2
←1（作り目）
□＝表目
—＝裏目
端目
15
10
5
2
1
左前身頃編始め←
後ろ身頃、右前身頃、袖、衿ぐり編始め←

【引返し編み】

写真の目数段数はカシミヤカーディガンの肩の計算式で説明しています。

〈計算式〉
3目そのまま
2-3-3
2-4-1
2-5-1
引き返す

右側を編む

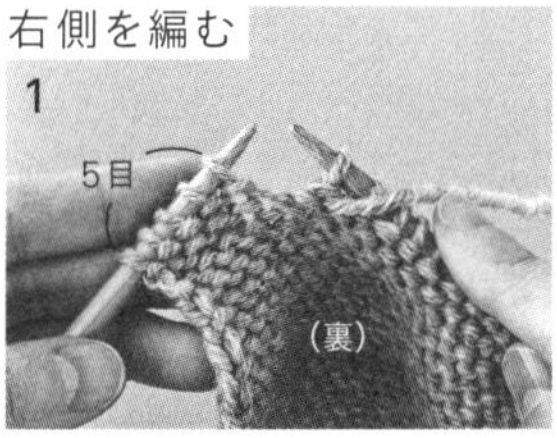

1
5目
(裏)

袖ぐり64段めで引返し手前まで編む。5目編み残す

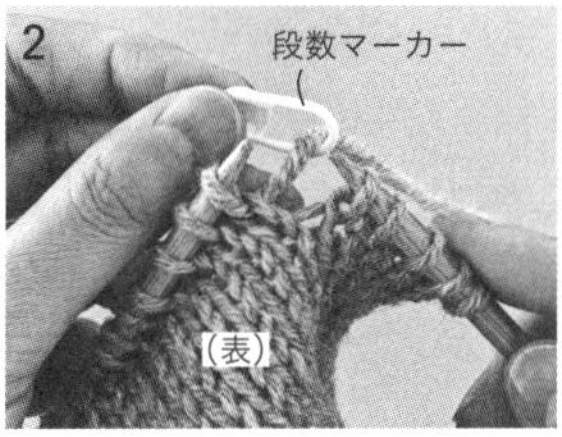

2
段数マーカー
(表)

表に返し、段数マーカーを糸につける

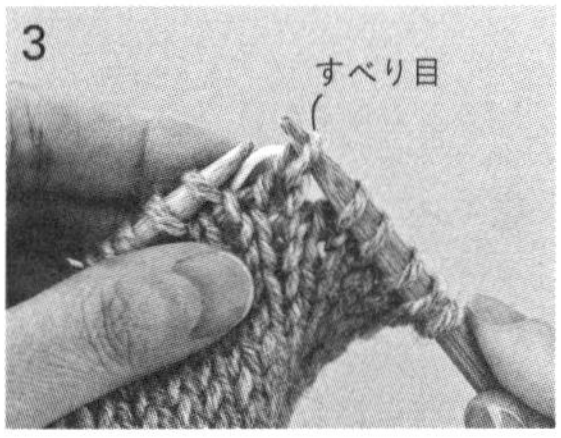

3
すべり目

すべり目する

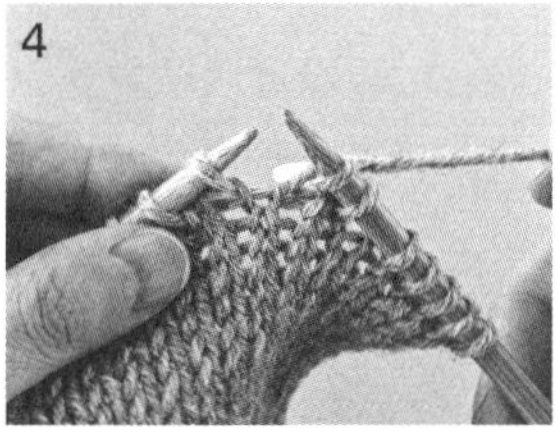

4

次の目を1目編む。段数マーカーが裏側で編み込まれた(段消しでかけ目になる)。続けて端まで編む

5
4目
5目
(裏)

裏に返し、9目(5目+4目分)を編み残す。表に返す

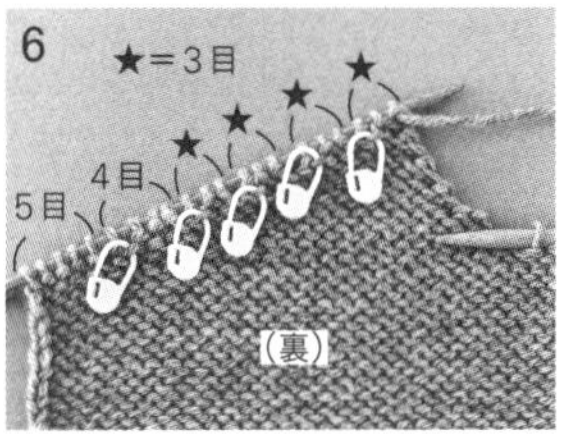

6
★=3目
4目
5目
(裏)

2～5と同様に編む。これを繰り返すと引返し編み部分が編み終わる

段消しする

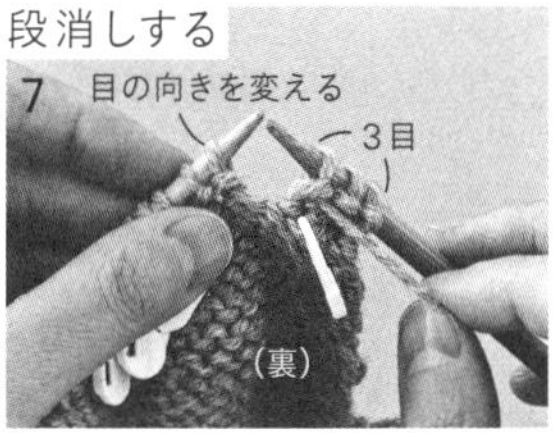

7
目の向きを変える
3目
(裏)

裏で3目編む。4目めの目の向きを変える(目の向きは8参照)

8
目の向きが変わった状態

かけ目

段数マーカーの糸を引っ張り、左針にかける。これがかけ目になる

9
(裏)

段数マーカーをはずし、左針にかけた目(かけ目)と左上2目一度(裏目)する

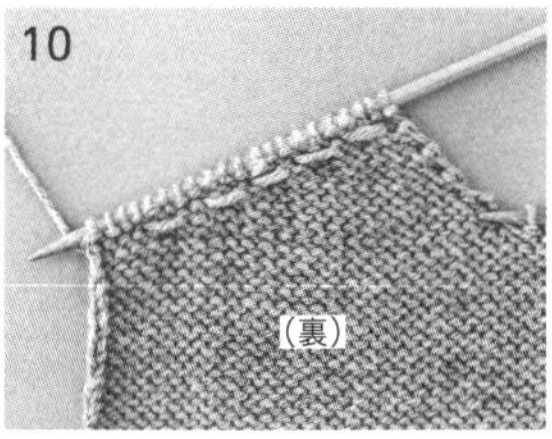

10
(裏)

7～9と同様に編む。これで段消しが編み終わり、右側が編めた

左側を編む

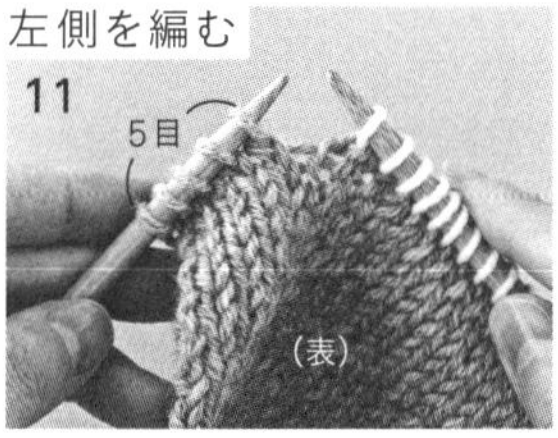

11
5目
(表)

表で引返し手前まで編む。5目編み残す(写真はわかりやすいように糸の色を変えている)

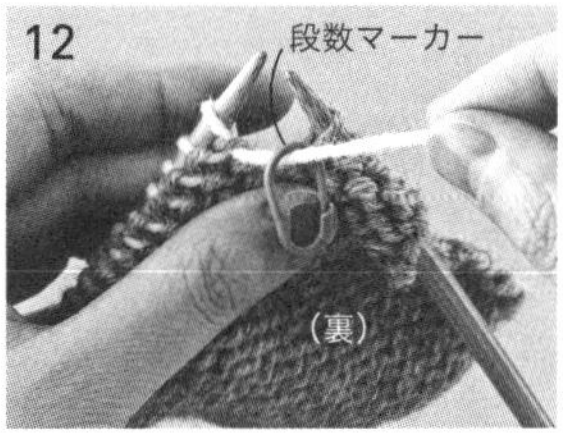

12
段数マーカー
(裏)

裏に返し、段数マーカーを糸につける

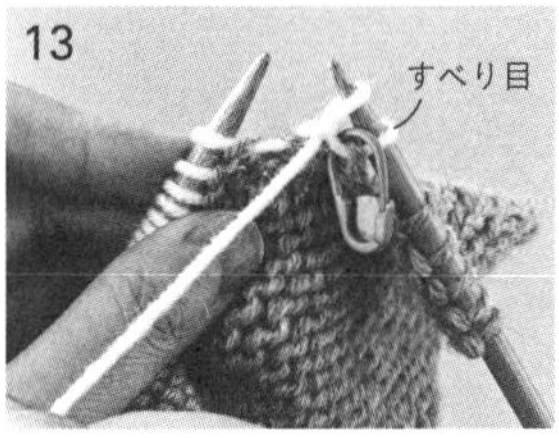

13
すべり目

すべり目し、次の目を編む。段数マーカーが裏側で編み込まれた(段消しでかけ目になる)

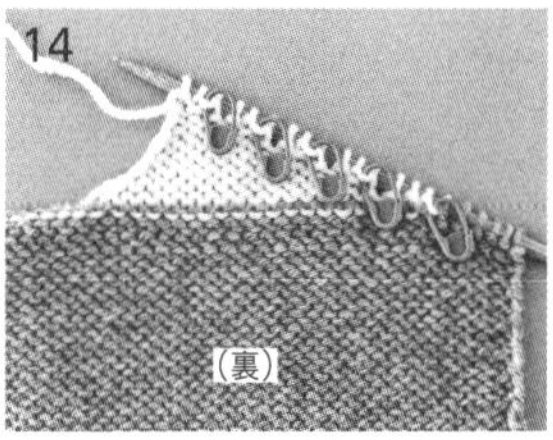

14
(裏)

11～13と同様に編む。これを繰り返すと引返し編み部分が編み終わる

段消しする

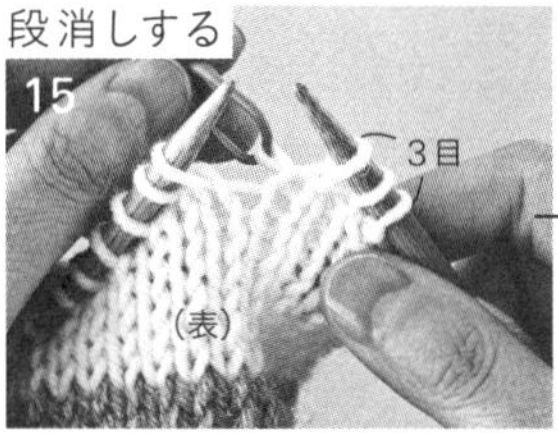

15
3目
(表)

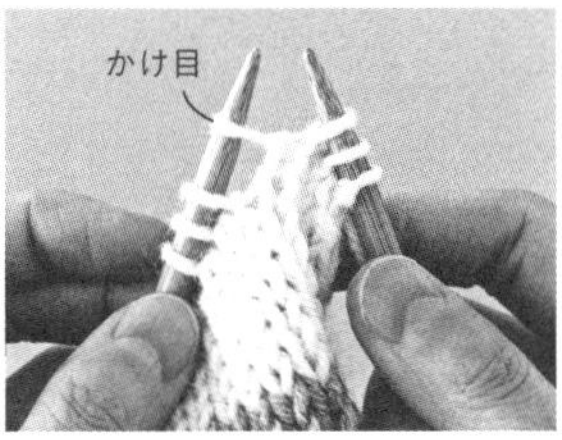

かけ目

表で3目編む。段数マーカーの糸を引っ張り、左針にかける。これがかけ目になる。段数マーカーをはずす

16
(表)

左針にかけた目(かけ目)と左上2目一度する

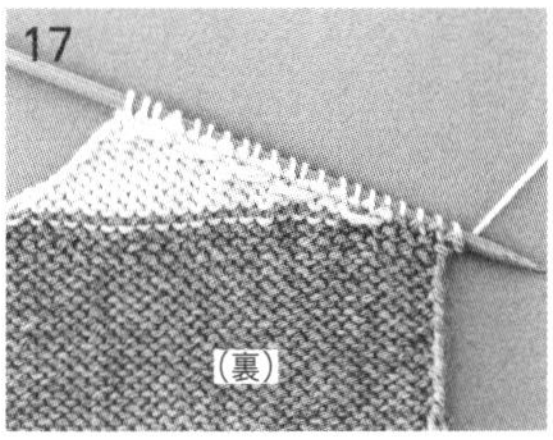

17
(裏)

15、16と同様に編む。これで段消しが編み終わり、左側が編めた

衿ぐり
1目ゴム編み（5号針）

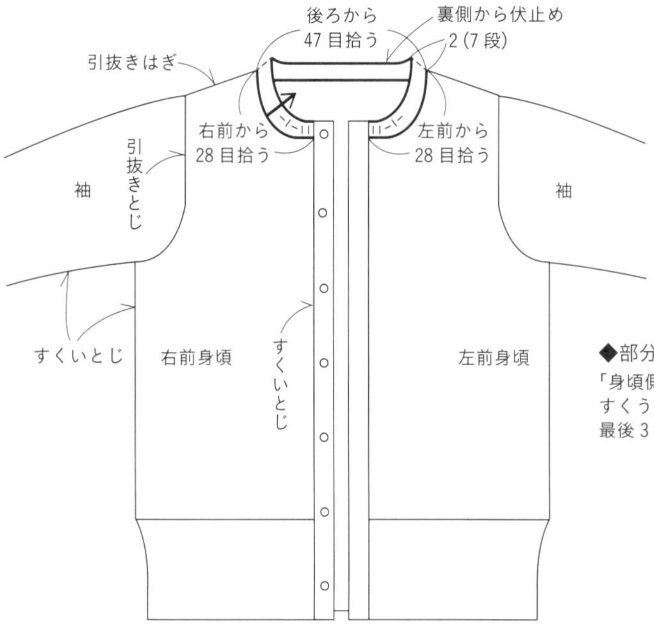
後ろから
47目拾う
裏側から伏止め
2(7段)
引抜きはぎ
右前から
28目拾う
左前から
28目拾う
引抜きとじ
袖
袖
すくいとじ
右前身頃
すくいとじ
左前身頃

右前立て　1目ゴム編み（5号針）
※左前立てはボタン穴をあけず、ボタンは右前立てのボタン穴と同じ位置につける。すくいとじの位置は対称にすくう

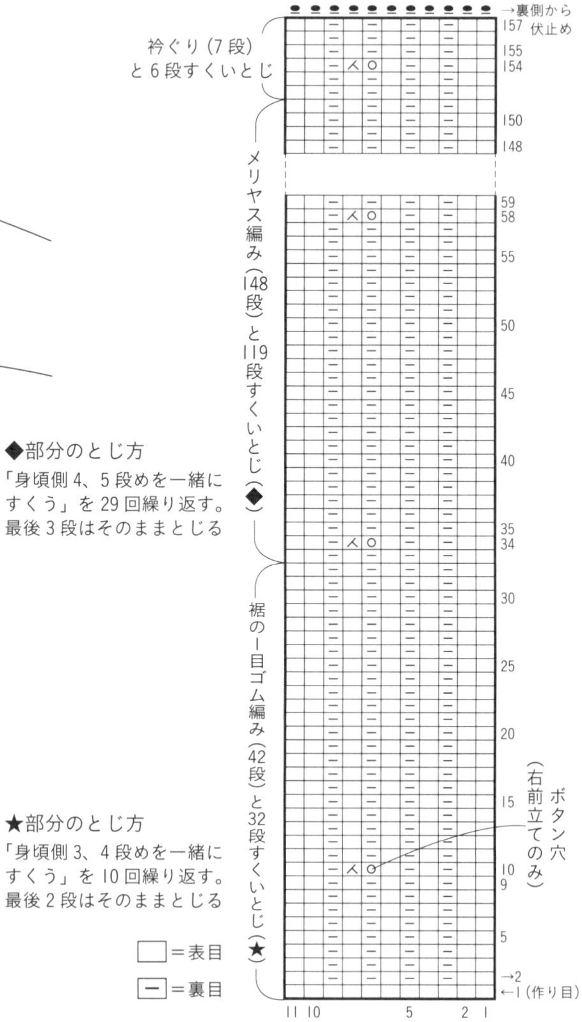
→裏側から伏止め
157
155
154
150
148
59
58
55
50
45
40
35
34
30
25
20
15
10
9
5
→2
←1（作り目）
11 10 5 2 1
衿ぐり（7段）と6段すくいとじ
メリヤス編み(148段)と119段すくいとじ(◆)
裾の1目ゴム編み(42段)と32段すくいとじ(★)
ボタン穴（右前立てのみ）
◆部分のとじ方
「身頃側4、5段めを一緒にすくう」を29回繰り返す。最後3段はそのままとじる
★部分のとじ方
「身頃側3、4段めを一緒にすくう」を10回繰り返す。最後2段はそのままとじる
□＝表目
ー＝裏目

---

p.26　枯れ葉のカーディガン

材料　[パピー]ユリカモヘヤ オリーブ(309) 340g

用具　9号、8号2本棒針(輪針で往復編みの場合〈p.41を参照〉/9号、8号60cm輪針)

ゲージ　メリヤス編み 16目22段が10cm四方
模様編み23目22段が10cm四方

寸法　胸回り108cm、着丈64cm、ゆき丈76.5cm

編み方　糸は1本どりで指定の針の号数で編みます。

・後ろ身頃を編みます。

9号針で指で針にかける作り目で87目作り目します。続けてガーター編みで4段、メリヤス編みで98段編み、休み目にします。

・前身頃、後ろヨークを続けて編みます。

8号針で指で針にかける作り目で62目作り目します。続けてガーター編みで4段、模様編みで98段編みます。前衿ぐりを減らしながら、後ろヨークを模様編みで56段編み、休み目にします。

・袖を編みます。

9号針で指で針にかける作り目で42目作り目します。続けてガーター編みで4段、メリヤス編みで袖下を増減なく60段編みます。続けて増しながら36段編み、休み目にします。

・仕上げます。

後ろヨークを引抜きはぎします。後ろヨーク(★)と後ろ身頃の休み目、身頃袖つけ部分(☆)と袖の休み目を目と段のはぎではぎます。脇、袖下をすくいとじします。

ポイント　中に着るものによって袖丈が変わります。袖丈が長い場合は外側に折り返して着ると全体のバランスがよくなります。

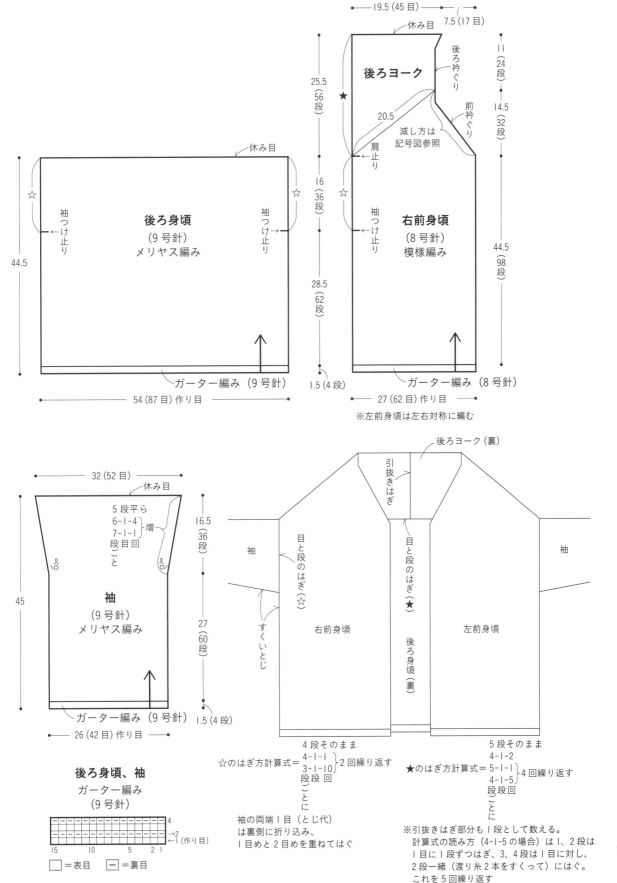

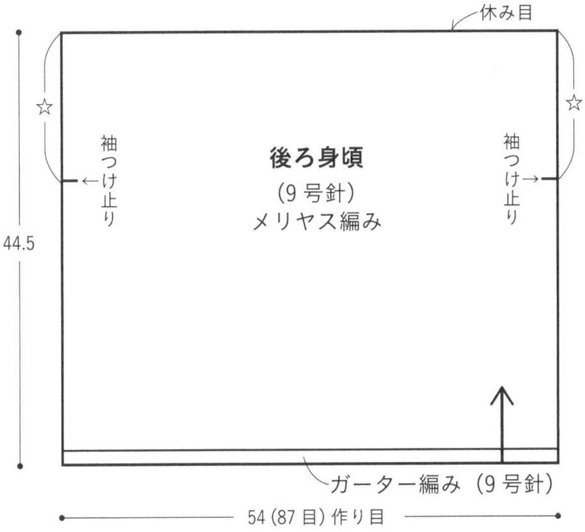

休み目
☆
袖つけ止り
後ろ身頃
(9号針)
メリヤス編み
44.5
ガーター編み（9号針）
54 (87目) 作り目

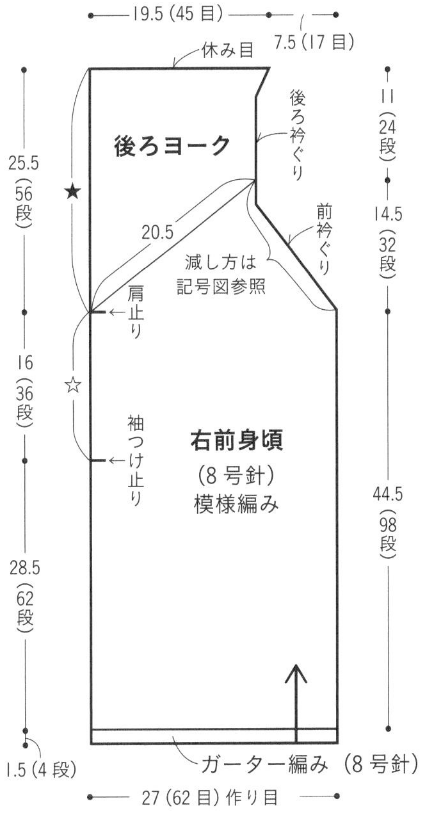

19.5 (45目)
7.5 (17目)
休み目
後ろヨーク
後ろ衿ぐり
★
25.5 (56段)
20.5
前衿ぐり
減し方は記号図参照
肩止り
11 (24段)
14.5 (32段)
16 (36段)
☆
袖つけ止り
右前身頃
(8号針)
模様編み
44.5 (98段)
28.5 (62段)
1.5 (4段)
ガーター編み（8号針）
27 (62目) 作り目

※左前身頃は左右対称に編む

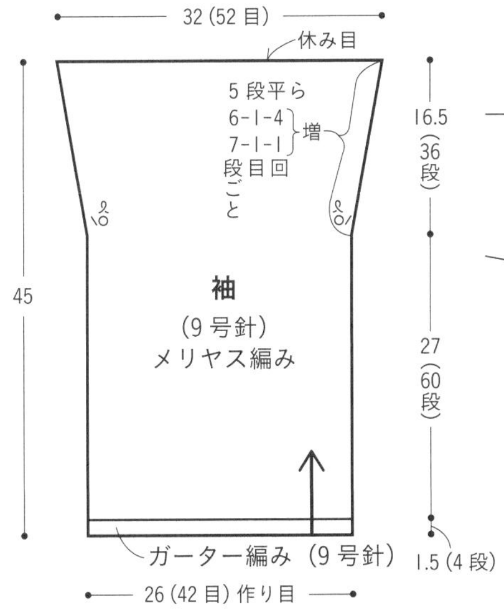

32 (52目)
休み目
5段平ら
6-1-4
7-1-1 }増
段目回ごと
16.5 (36段)
45
袖
(9号針)
メリヤス編み
27 (60段)
1.5 (4段)
ガーター編み（9号針）
26 (42目) 作り目

後ろヨーク（裏）
引抜きはぎ
袖
目と段のはぎ（☆）
目と段のはぎ（★）
すくいとじ
右前身頃
後ろ身頃（裏）
左前身頃
袖

☆のはぎ方計算式＝
4段そのまま
4-1-1
3-1-10 } 2回繰り返す
段段回ごとに

袖の両端1目（とじ代）
は裏側に折り込み、
1目めと2目めを重ねてはぐ

★のはぎ方計算式＝
5段そのまま
4-1-2
5-1-1
4-1-5 } 4回繰り返す
段段回ごとに

※引抜きはぎ部分も1段として数える。
計算式の読み方（4-1-5の場合）は1、2段は1目に1段ずつはぎ、3、4段は1目に対し、2段一緒（渡り糸2本をすくって）にはぐ。
これを5回繰り返す

後ろ身頃、袖
ガーター編み
(9号針)

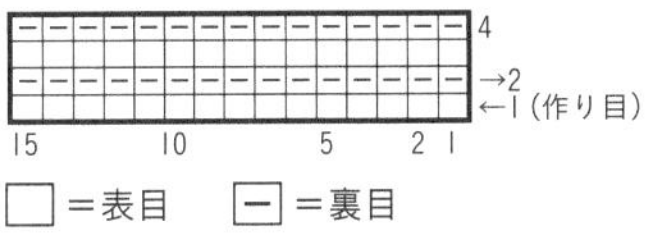

4
→2
←1（作り目）
15
10
5
2
1
□＝表目
－＝裏目

右前身頃 （8号針）

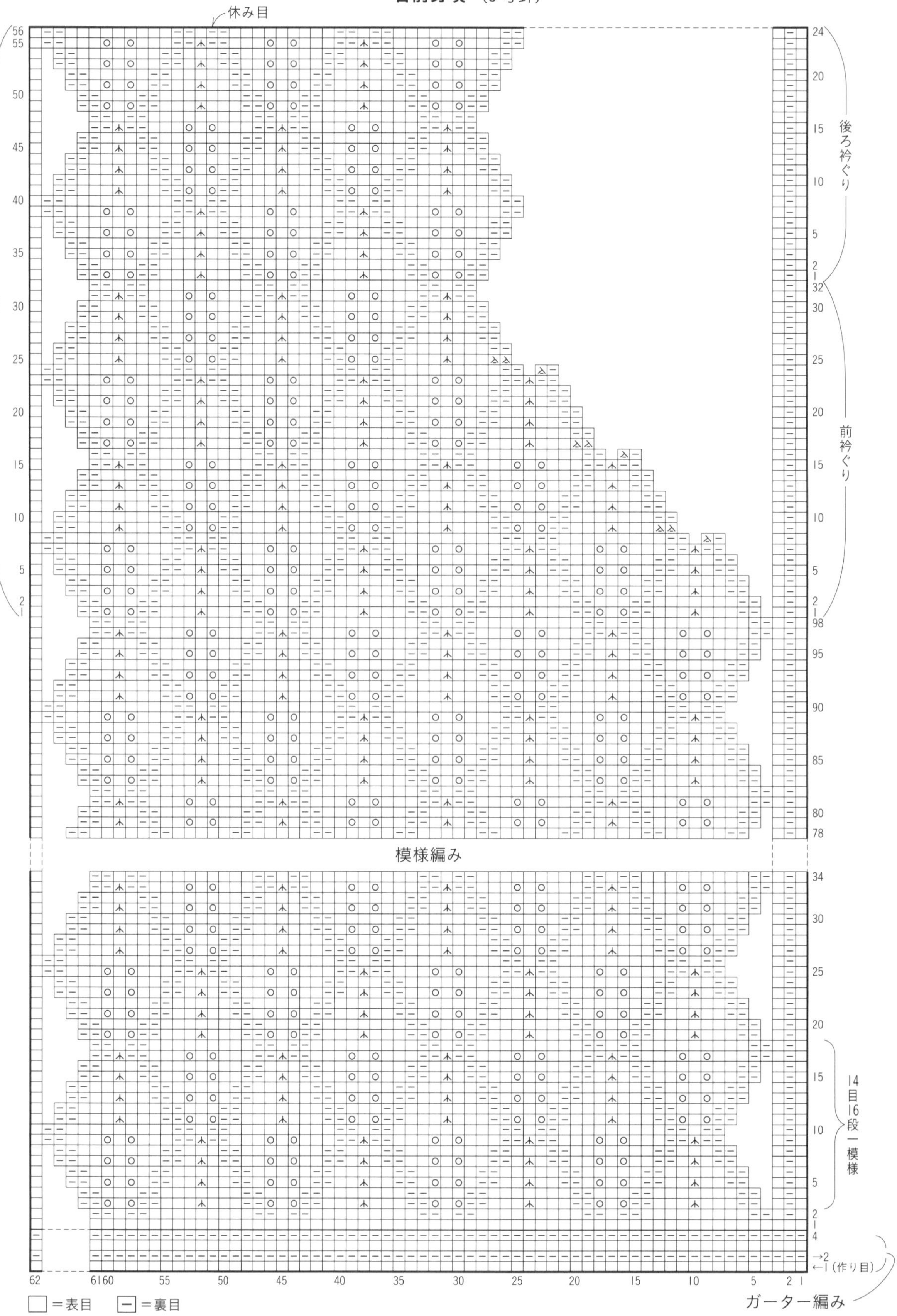

休み目
後ろヨーク
後ろ衿ぐり
前衿ぐり
模様編み
14目16段一模様
→2
←1（作り目）
ガーター編み
62
61 60
55
50
45
40
35
30
25
20
15
10
5
2 1

□＝表目　ー＝裏目

左前身頃（8号針）

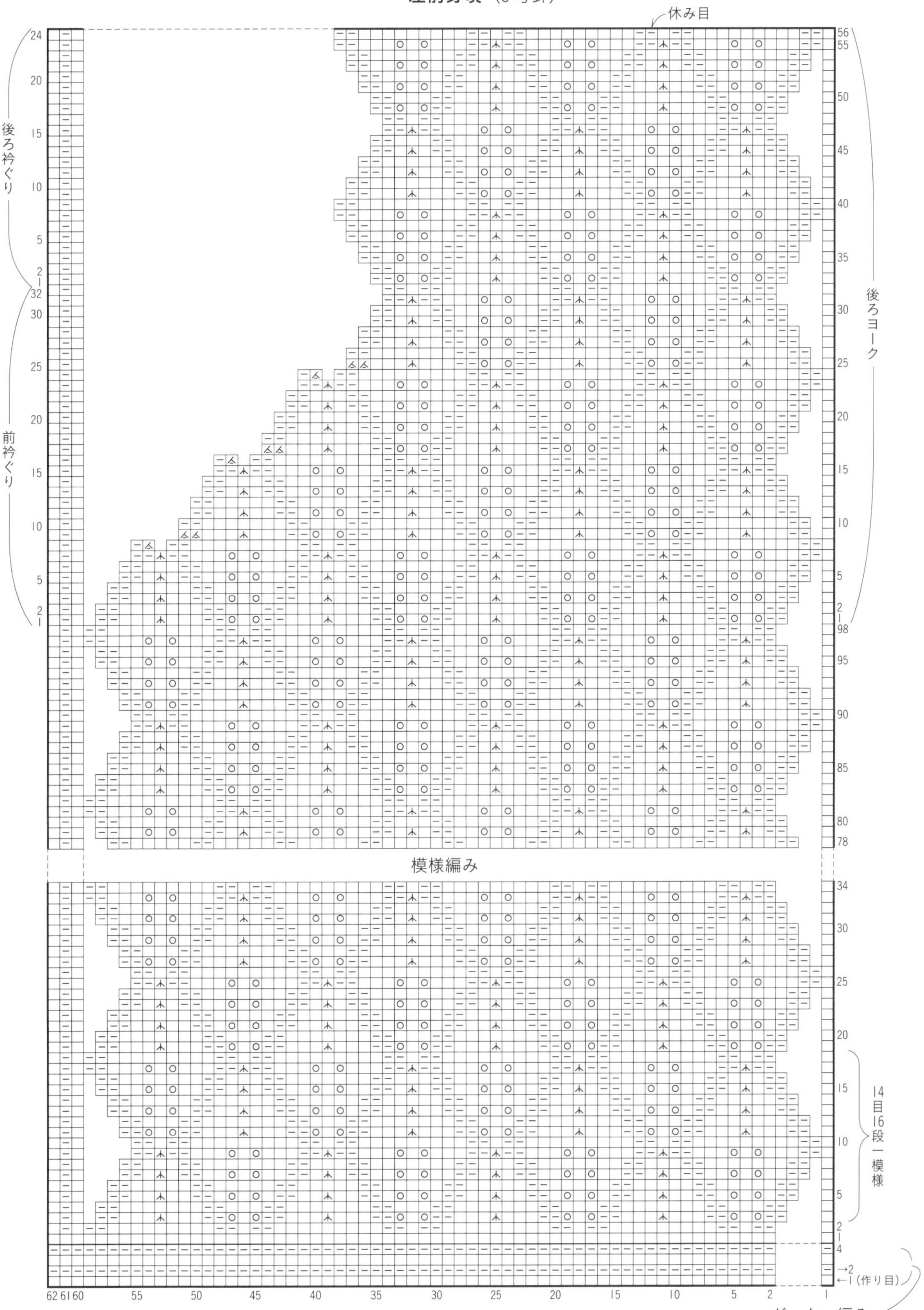
休み目
後ろ衿ぐり
前衿ぐり
後ろヨーク
模様編み
14目16段一模様
→2
←1（作り目）
ガーター編み

□＝表目　⊟＝裏目

p.22　カシミヤネックウォーマー

材料　[DARUMA]カシミヤリリー ダークオーク(3) 50g
用具　6号40cm輪針
ゲージ　メリヤス編み 23目32段が10cm四方
寸法　首回り52cm、丈33cm

編み方　糸は1本どりで編みます。
指で針にかける作り目で120目作り目し、輪にします。
続けてメリヤス編みで105段編みます。編終りは裏側から伏止めします。

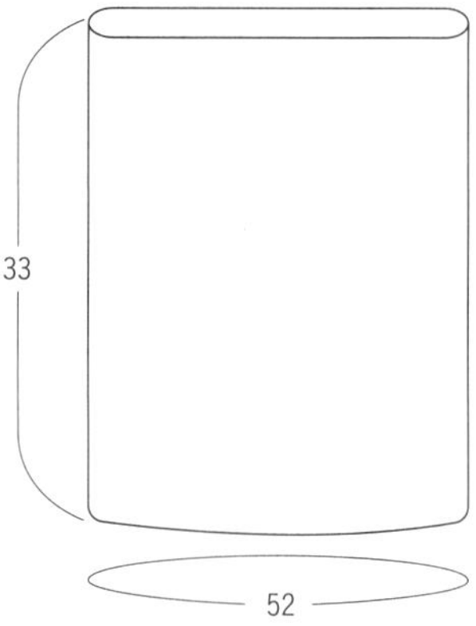

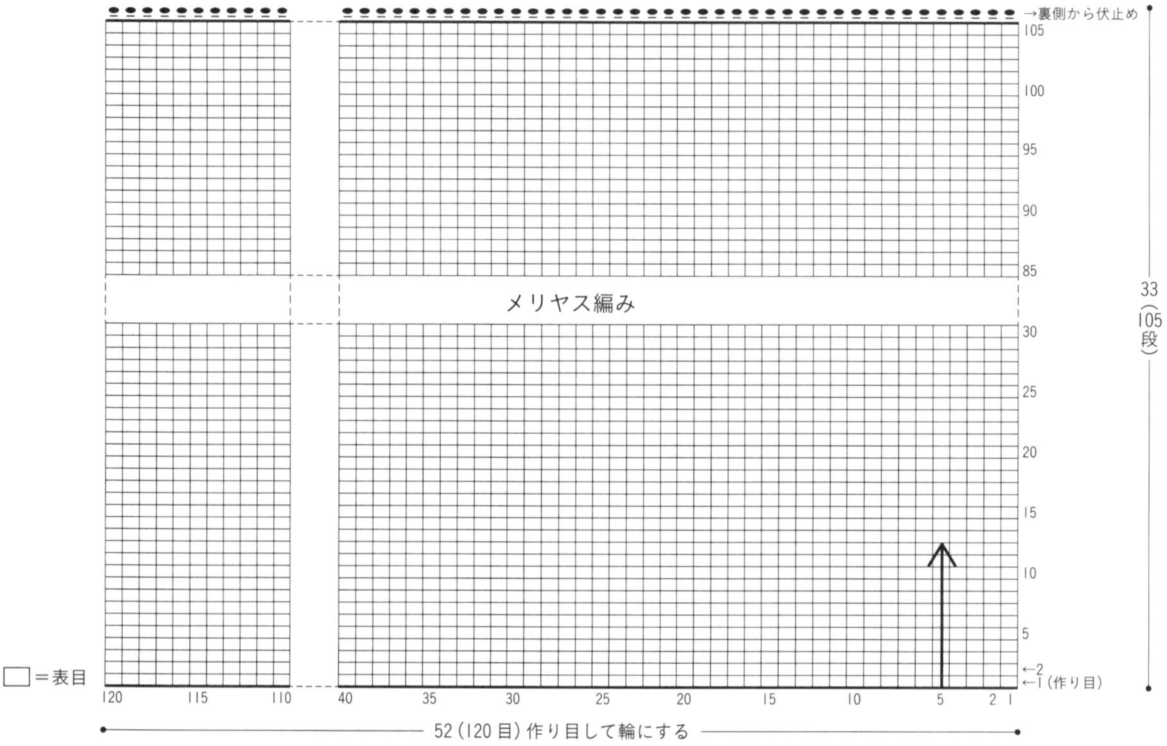

p.22　カシミヤロングミトン

材料　[DARUMA]カシミヤリリー ダークオーク(3) 43g
用具　6号2本棒針(輪針で往復編みの場合〈p.41を参照〉/6号60cm輪針)
ゲージ　メリヤス編み 23目32段が10cm四方
寸法　手のひら回り19cm、丈32.5cm

編み方　糸は1本どりで編みます。
・本体を編みます。
指で針にかける作り目で44目作り目し、メリヤス編みで103段編みます。途中、親指穴位置(66段め、78段め)に印をつけておきます。編終りは裏側から伏止めします。同様にもう1枚編みます。
・仕上げます。
編み地の両端を親指穴以外、すくいとじします。

ポイント　親指穴は手に合わせてお好みの位置にあけてください。

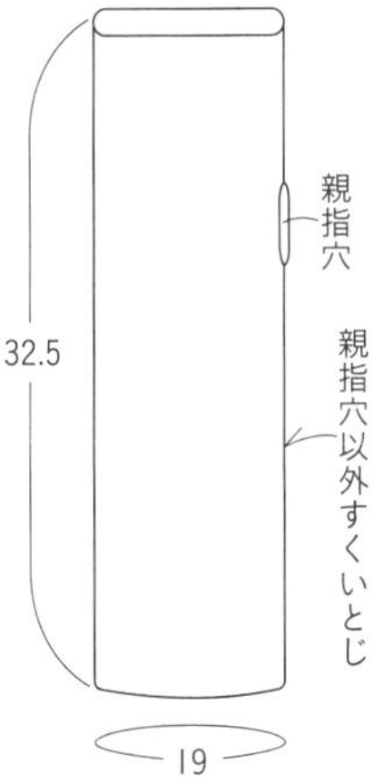

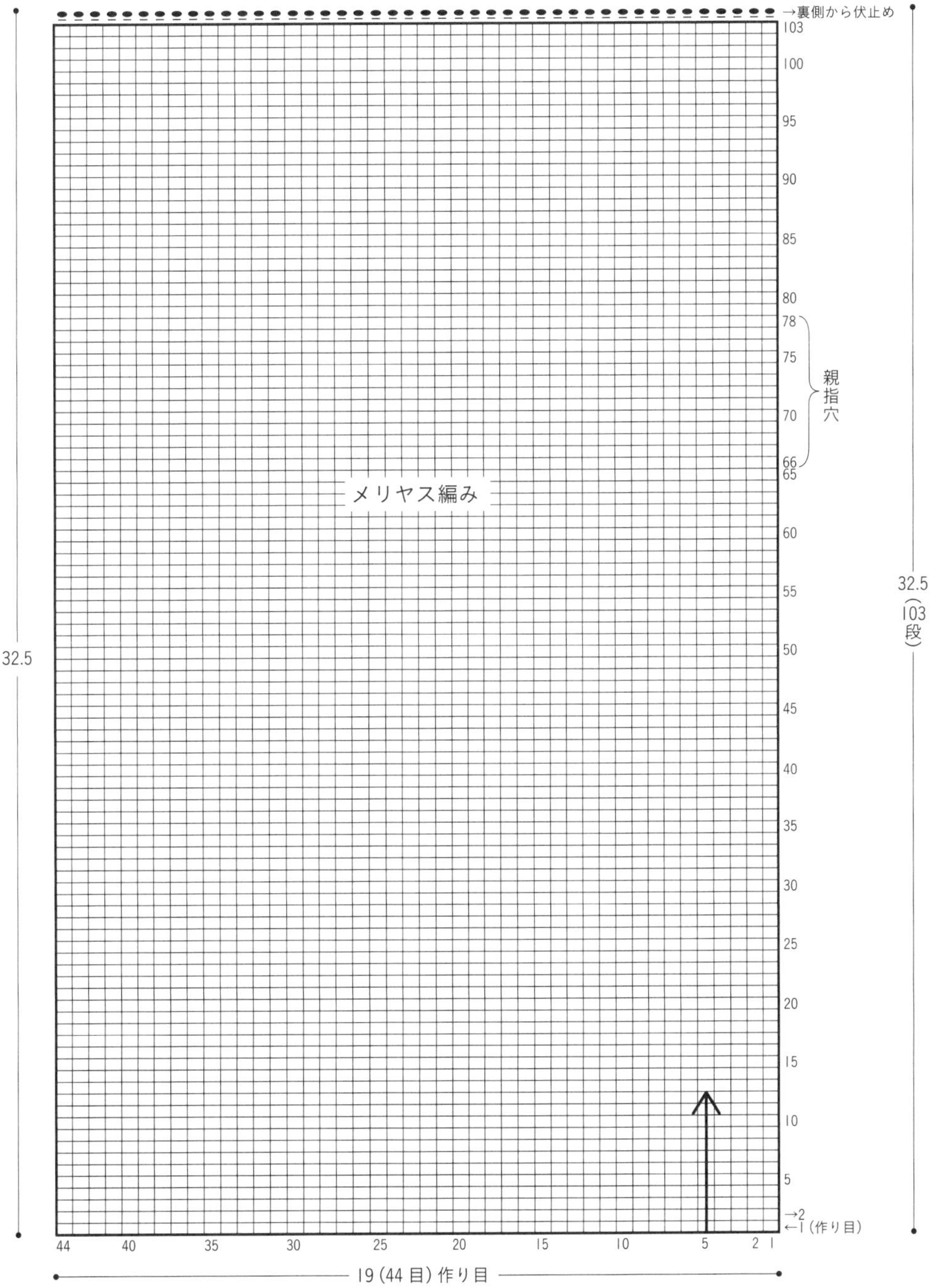

□＝表目

p.24　# 白木蓮のショール

材料　[オステルヨートランド羊毛紡績]ヴィシュ
白(1) 323g

用具　5号2本棒針(輪針で往復編みの場合〈p.41を参照〉/ 5号60cm輪針)

ゲージ　模様編みA、A' 17目が7.5cm、12段が3.5cm
模様編みB、B' 9目が3.5cm、12段が3.5cm
メリヤス編み 23目が10cm、21段が7cm

寸法　幅42cm、丈155cm

編み方　糸は1本どりで編みます。

・上側を編みます。

別鎖の裏山を拾う作り目で97目作り目します。続けてメリヤス編み(一部裏目)で2段、模様編みA、A'、B、B'で240段、メリヤス編み(一部裏目)で21段編みます。編終りは裏側から伏止めします。

・下側を編みます。

作り目の別鎖をほどき、97目拾います。糸をつけてメリヤス編み(一部裏目)で2段、模様編みA、A'、B、B'で240段(模様の編始めは上側とは異なる)、メリヤス編み(一部裏目)で21段編みます。編終りは裏側から伏止めします。

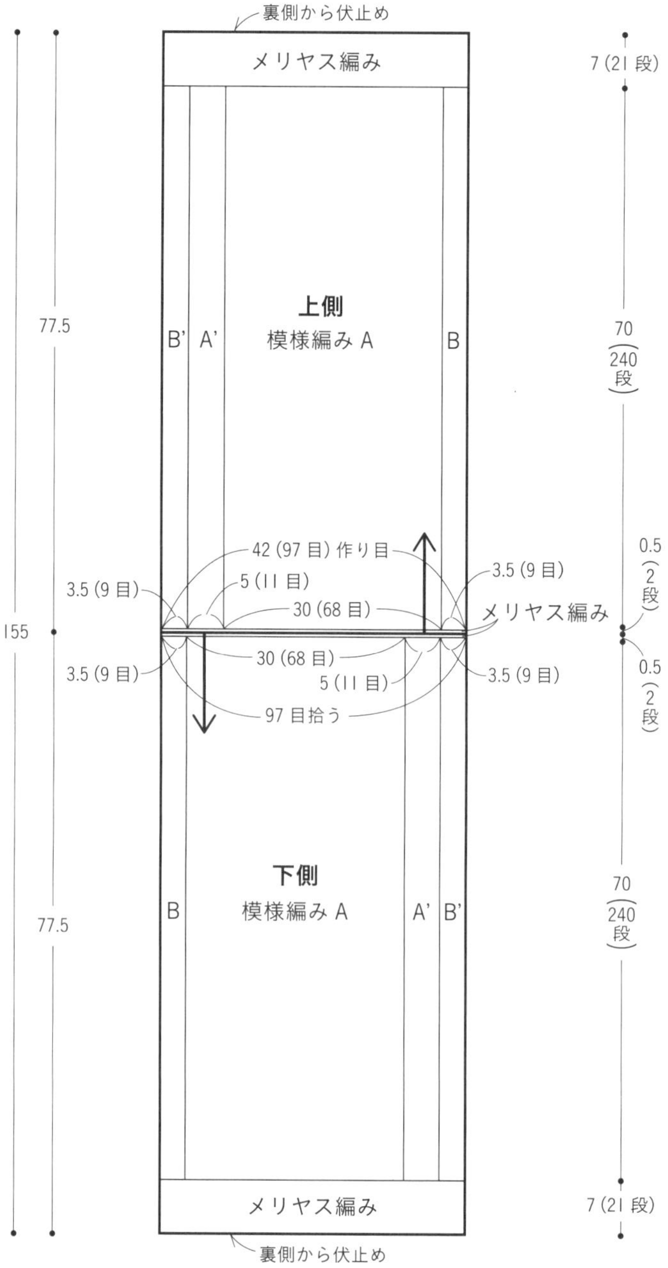

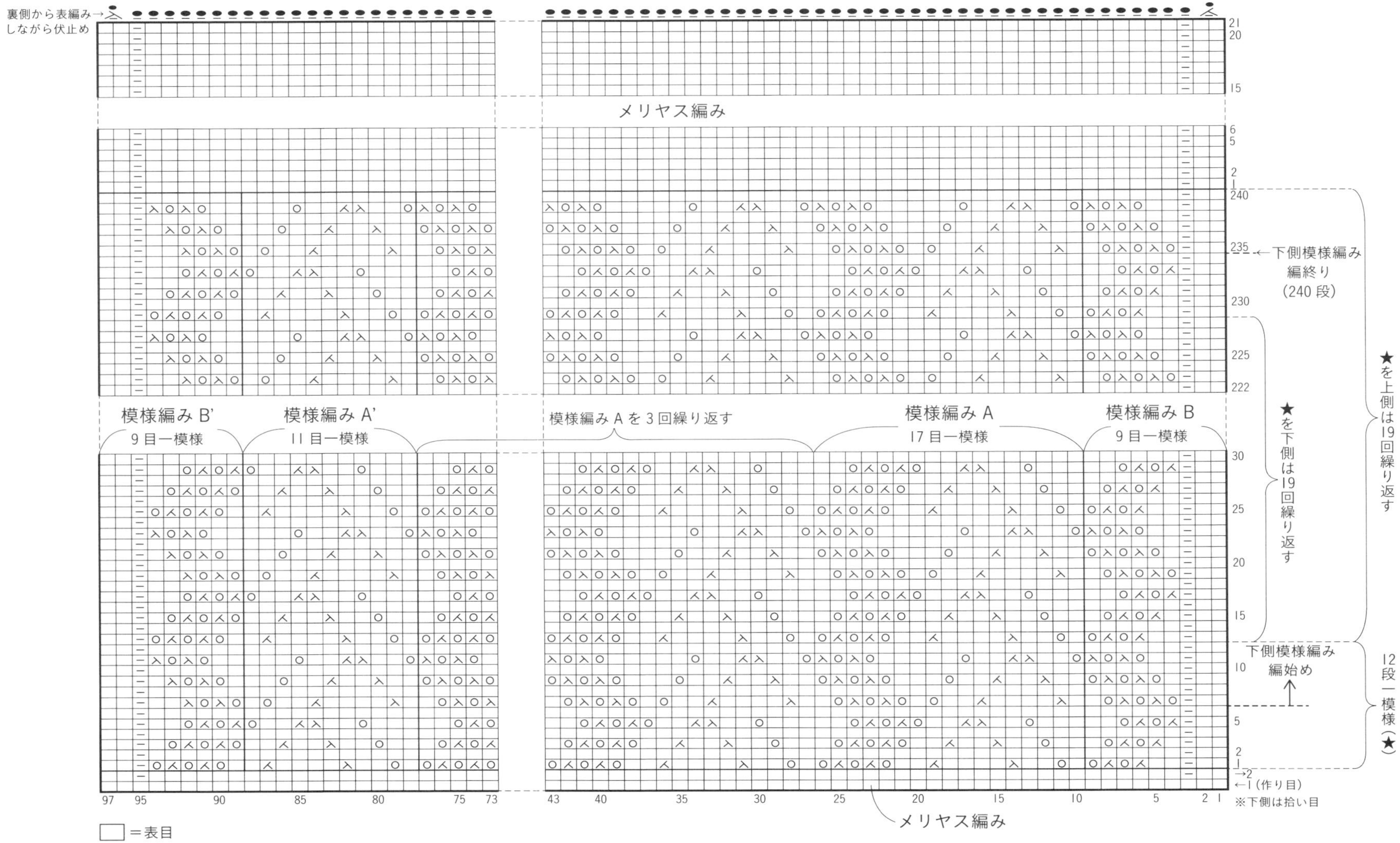

裏側から表編み→
しながら伏止め
メリヤス編み
↑下側模様編み
編終り
(240段)
★を下側は19回繰り返す
★を上側は19回繰り返す
模様編み B'
9目一模様
模様編み A'
11目一模様
模様編み A を 3 回繰り返す
模様編み A
17目一模様
模様編み B
9目一模様
下側模様編み
編始め
12段一模様(★)
→2
←1(作り目)
※下側は拾い目
メリヤス編み

□＝表目

－＝裏目

p.28　おばあちゃんの靴下カバー

材料　[内藤商事]ロピー **単色作品** ベージュ(85) 110g
ストライプ作品 白(51) 44g、淡ベージュ(86) 44g、茶(53) 20g

用具　12号短4本棒針(輪針で往復編み、マジックループの場合〈p.41を参照〉/ 12号80cm輪針)

ゲージ　ガーター編み 14目26段が10cm四方

寸法　足底約26.5cm(フリーサイズ)、深さ12cm

編み方　糸は1本どり、ストライプ作品は指定の配色で編みます。

・本体Aを編みます。
指で針にかける作り目で34目作り目します。続けてガーター編みで増減なく10段編みます。かかとの目を減らしながら、21段編みます(写真参照)。入れ口側は裏側から12目伏止めし、甲側は10目休み目にし、糸を切ります。

・本体Bを編みます。
本体Aの作り目から34目拾います(写真参照)。続けてガーター編みで増減なく10段編み、糸を切ります。別針に11目めまで移し、糸をつけてかかとの目を減らしながら、21段編みます(写真参照)。糸は切らずに残します。

・甲を仕上げます。
本体A、Bを底で外表に折り、Aを手前側にして持ちます。Bの残した糸で甲側を2枚重ねて引抜きはぎで10目はぎます。続けてBの入れ口側を1枚で裏側から12目伏止めします。

・つま先を編みます。
本体つま先側から目を32目拾います。続けて2目ゴム編みで輪に11段編みます。減し目をしながら2段編みます。最終段の8目に糸を2回通して絞ります。同様にもう1枚編みます。

ポイント　つま先部分で段数を増減し、足にフィットするサイズに調整してみてください。

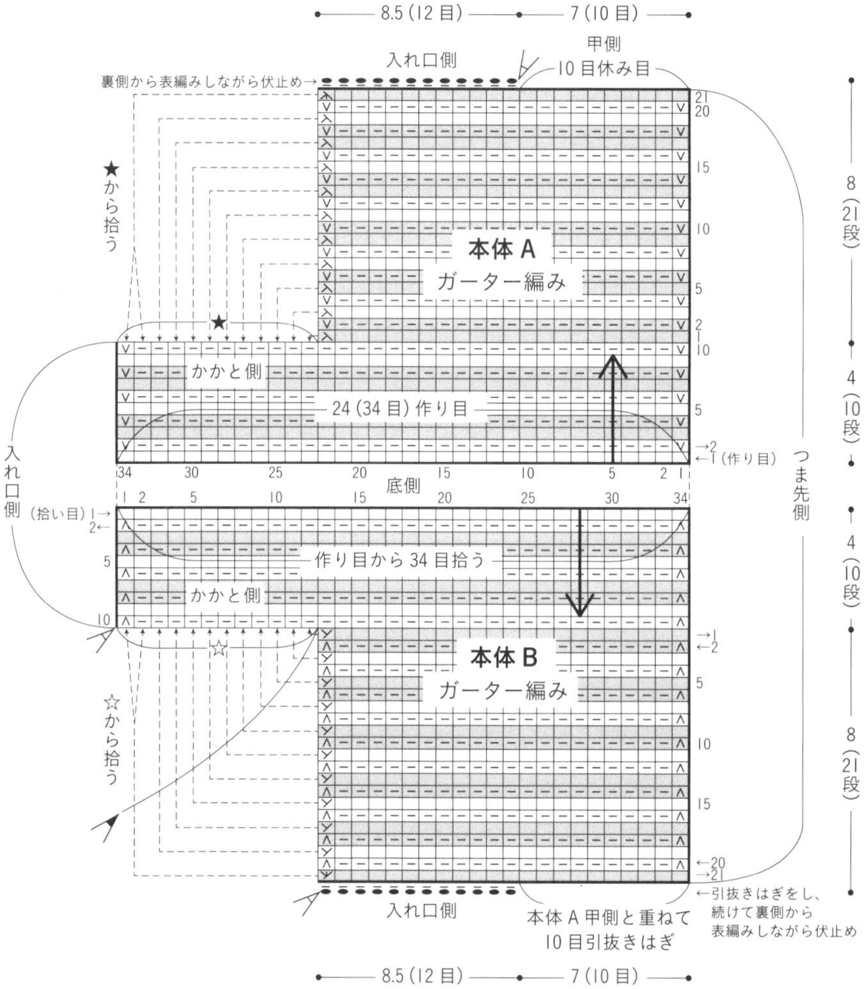

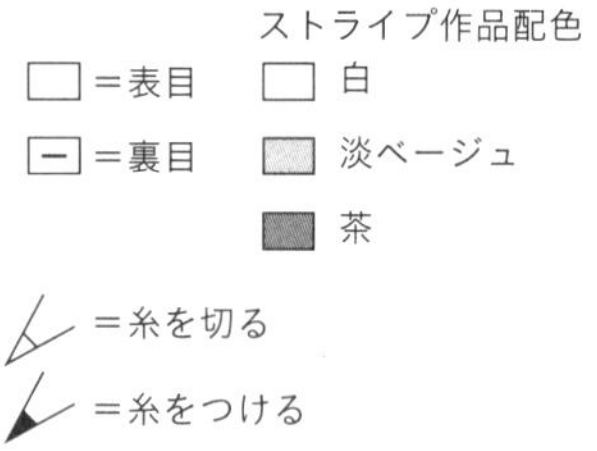

つま先

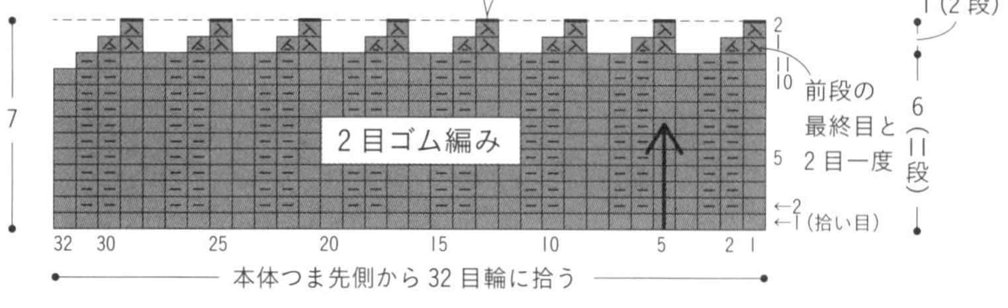

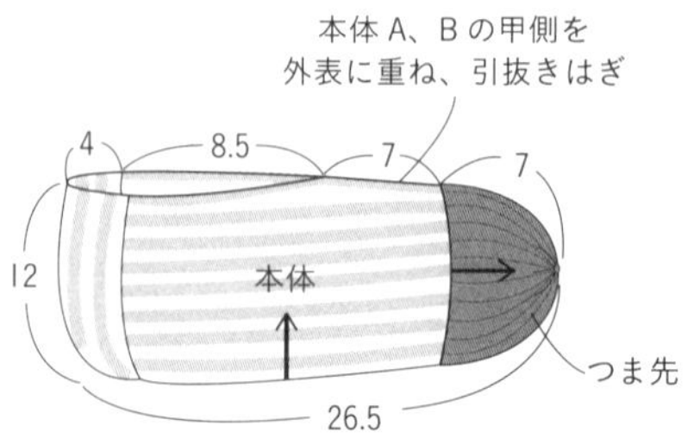

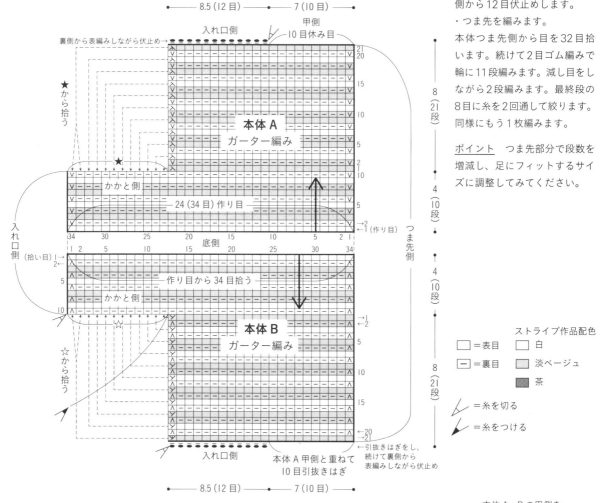

本体A　かかとの編み方

21目表目を編む(★はかかと部分)

次の2目を右上2目一度で編む

編み地を裏に返し、次の段を編む。2目一度した目をすべり目する

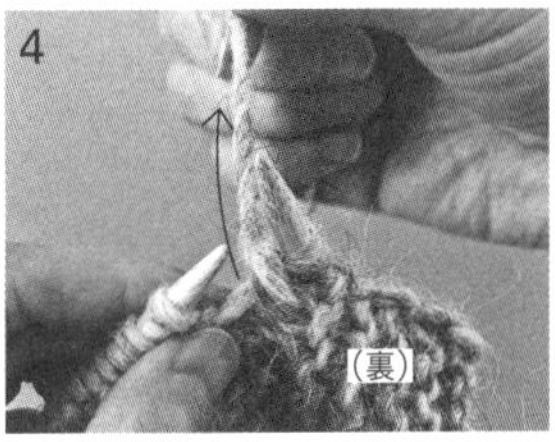

糸を向う側におく

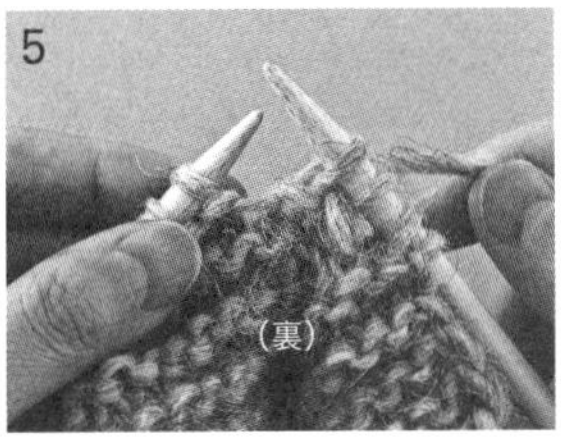

表編みする

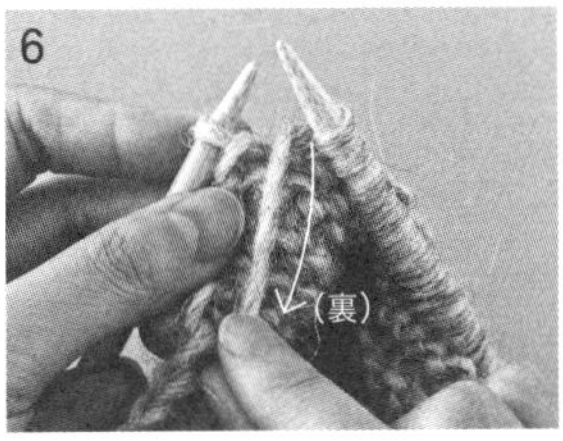

端1目前まで表編みする。糸を手前側におく

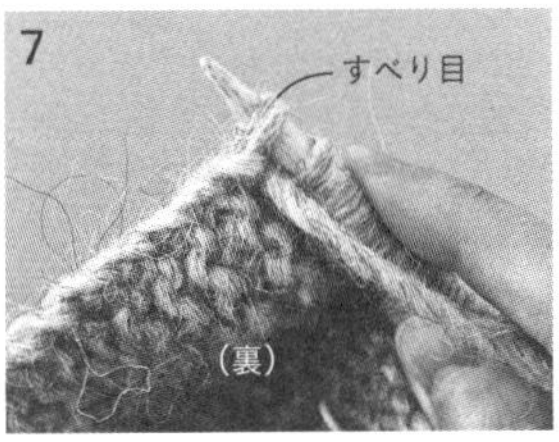

端の目をすべり目する

1〜7を繰り返す。最後は2の工程を右上3目一度で編む

※ガーター編みは表、裏が同じ模様になるのでわかりやすいように表側に段数マーカーなどで印をつけておく

本体B　目の拾い方

※写真はわかりやすいように糸の色を一部変えて解説しています。

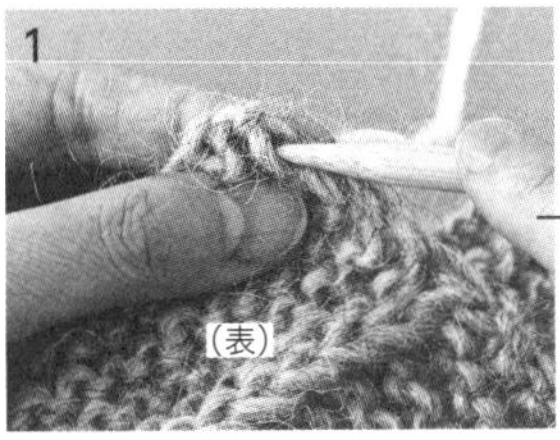

本体Aの端のすべり目に針を入れ、糸をかけて引き出す(反対側のすべり目部分も同様に拾う)

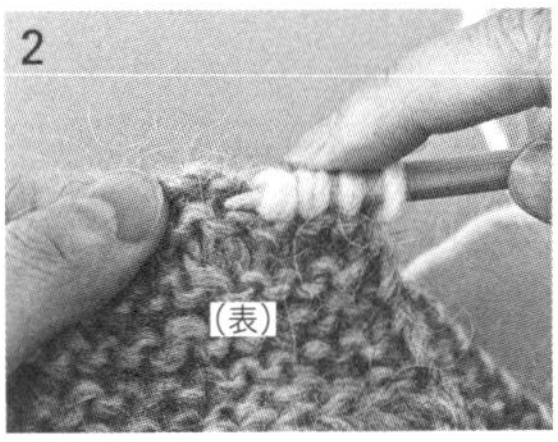

すべり目部分以外は作り目の編み目の中に針を入れ、糸をかけて引き出す

1段めの拾い目が編めた

本体B　かかとの編始め

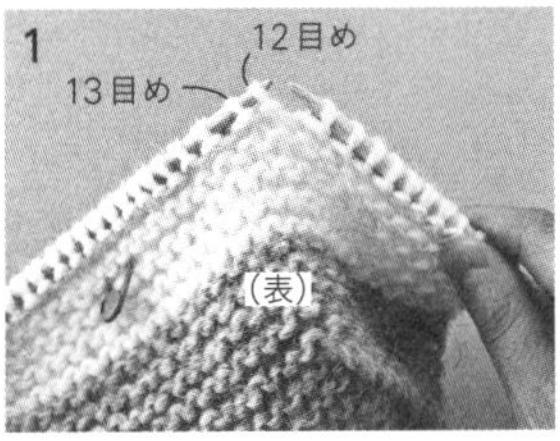

10段編み、糸を切る。11目を右針に移し、かかとに糸をつけ、12目めと13目めを左上2目一度する

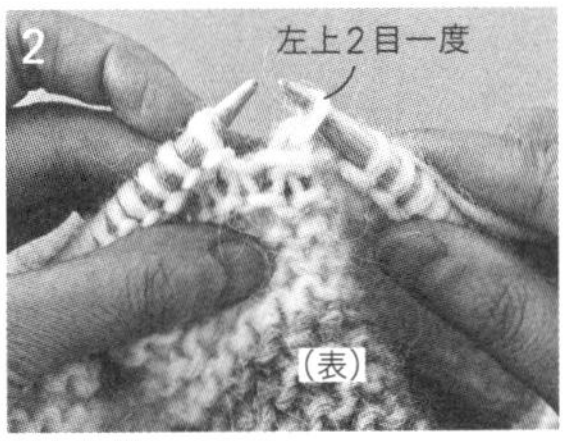

左上2目一度が編めた。1段めの端まで編む。編み地を裏に返す

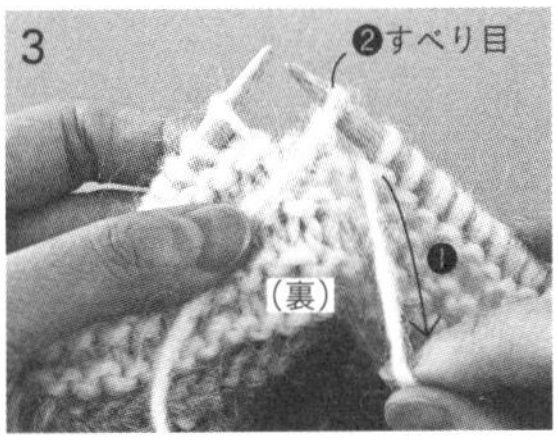

2段め。最初の1目はすべり目し、糸を向う側に置く(「本体A かかとの編み方」4参照)。すべり目手前まで編み、糸を手前側におく(❶)。すべり目する(❷)(「本体A かかとの編み方」6、7参照)。編み地を表に返す

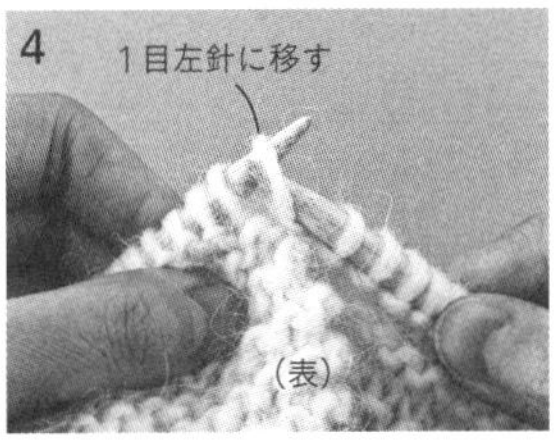

3段め。右針の1目を左針に移す

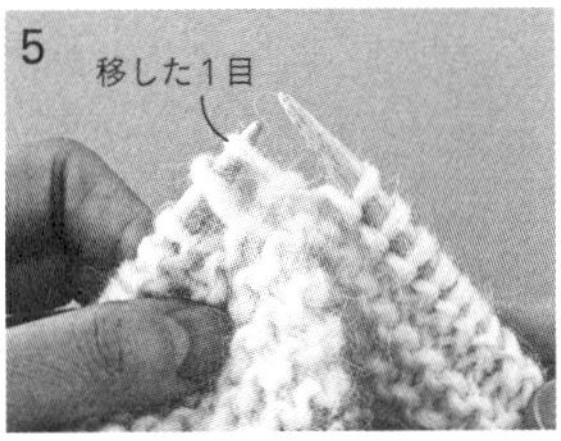

移した目と左上2目一度する

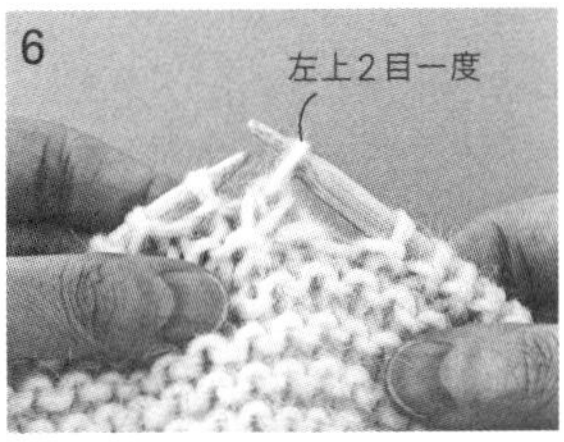

左上2目一度が編めた。この段の端まで編む。編み地を裏返す。3〜6を繰り返す。最後は6の工程を左上3目一度で編む

チェックの指なしミトン

材料　[DARUMA]空気をまぜて糸にしたウールアルパカ
チョコレート(11) 18g、ブラウン(3) 10g、きなり(1) 5g

用具　5号、4号短5本棒針(マジックループの場合〈p.41を参照〉/ 5号、4号80cm輪針)

ゲージ　編込み模様 26.5目31段が10cm四方

寸法　手のひら回り18cm、丈17.5cm

編み方　糸は1本どりで指定の配色、針の号数で編みます。

・右手本体を編みます。

4号針、チョコレートの糸で指で針にかける作り目で48目作り目し、輪にします。続けて2目ゴムで16段編みます。5号針に替え、編込み模様を34段編みます。途中、親指穴部分は別糸を通し、休ませておきます。次の段で巻き目で8目作り目します(p.37を参照)。4号針に替え、2目ゴム編みで4段編み、編終りは伏止めします。

・親指を編みます。

本体の休み目と巻き目、角から1目ずつ合計18目拾い目して4号針、チョコレートの糸で輪に編みます。続けてメリヤス編みで15段編み、編終りは伏止めします。

・左手を編みます。

同様に左手を編みますが、親指の穴の位置が変わるので注意します。

親指穴のあけ方

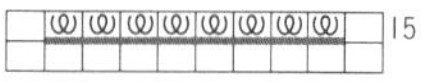
15

15段めで指定の色で交互に巻き目で作り目をする

親指の目の拾い方

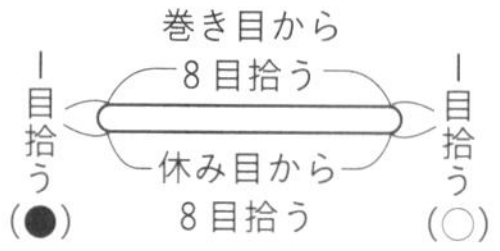
巻き目から
8目拾う
1目拾う
(●)
休み目から
8目拾う
1目拾う
(○)

親指

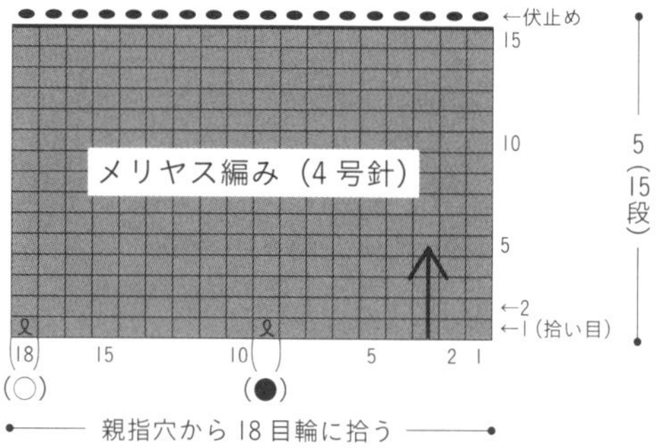
←伏止め
15
10
5
←2
←1(拾い目)
メリヤス編み(4号針)
18
15
10
5
2
1
(○)
(●)
5(15段)
親指穴から18目輪に拾う

本体

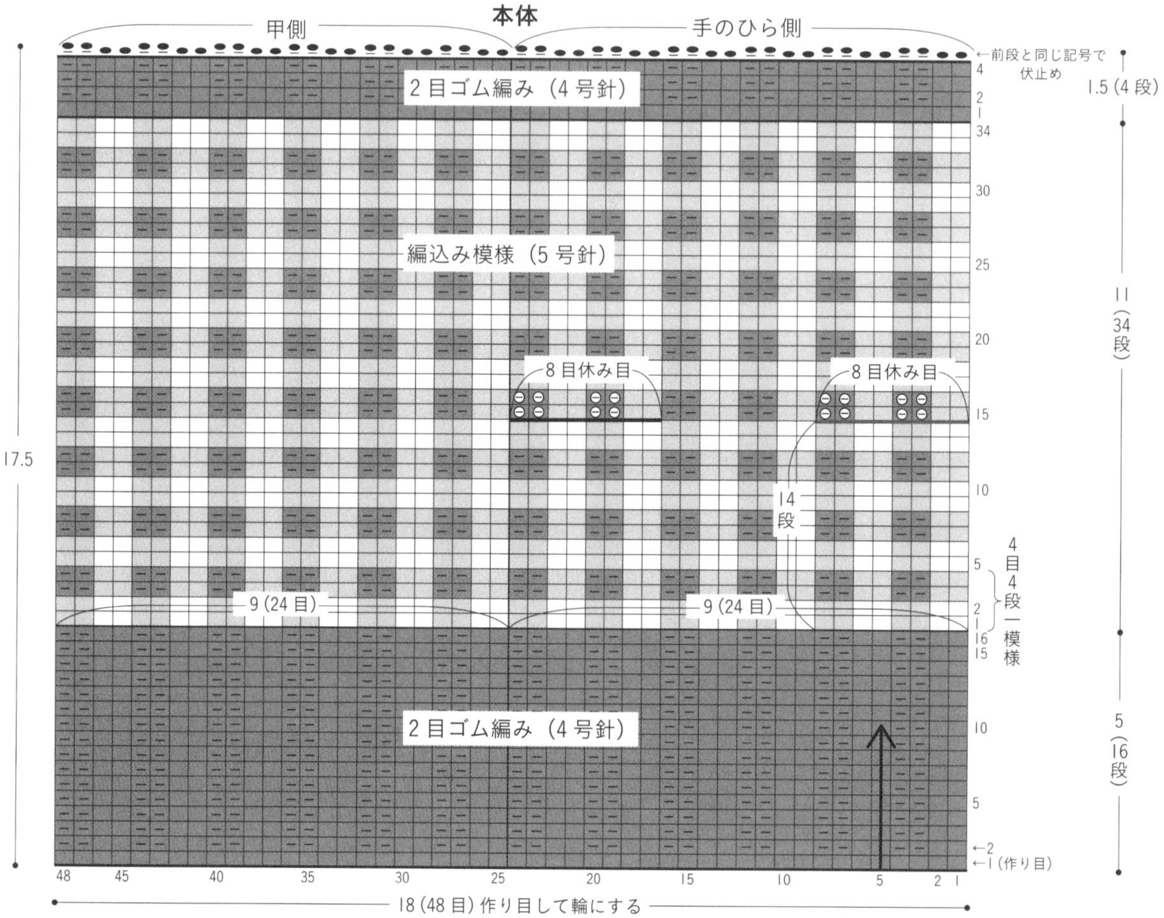
甲側
手のひら側
←前段と同じ記号で伏止め
2目ゴム編み(4号針)
4
2
1
34
30
25
20
15
10
5
2
1
16
15
10
5
←2
←1(作り目)
1.5(4段)
編込み模様(5号針)
8目休み目
8目休み目
14段
4目4段一模様
11(34段)
17.5
9(24目)
9(24目)
2目ゴム編み(4号針)
5(16段)
48
45
40
35
30
25
20
15
10
5
2
1
18(48目)作り目して輪にする

□=表目　■=チョコレート(地糸)　□=きなり(地糸)　▨=ブラウン(配色糸)　━=左手の親指穴位置

⊟=裏目　⊖=親指穴を編む部分は表目　━=右手の親指穴位置

p.30　Toneベスト

<u>材料</u>　[DARUMA]空気をまぜて糸にした
ウールアルパカ ブラック(9) 84g、
きなり(1) 60g、ライトグレー(7) 22g、
ダークグレー(8) 22g
[DARUMA]シルクモヘヤ
ブラック(8) 74g、きなり(1) 58g、
スチール(7) 30g

<u>用具</u>　8号80cm輪針(輪針で往復編み〈p.41を参照〉)

<u>ゲージ</u>　模様編み 16.5目26段が10cm四方

<u>寸法</u>　胸回り118cm、着丈51cm

<u>編み方</u>　糸は空気をまぜて糸にしたウールアルパカ1本、シルクモヘヤ3本の合計4本を引きそろえて編みます。色は配色表を参照し、引きそろえる糸を指定の位置で替えながら編みます。

・前後身頃を編みます。
指で針にかける作り目で97目作り目します。続けて模様編み(両端1目はメリヤス編み)で106段編みます。肩を減らしながら模様編みで27段編み、伏止めします。同じものを2枚編みます。

・仕上げます。
脇は脇止りまですくいとじします。肩は半目のすくいとじします。

<u>ポイント</u>　ウールアルパカと細いシルクモヘヤを引きそろえた作品です。シルクモヘヤの糸替えは次の段で一緒に引きそろえ、糸端を編み込んでしまってかまいません。10目ほど編み込んで、糸を切ります。ウールアルパカの糸はできるだけとじ代に始末してください。

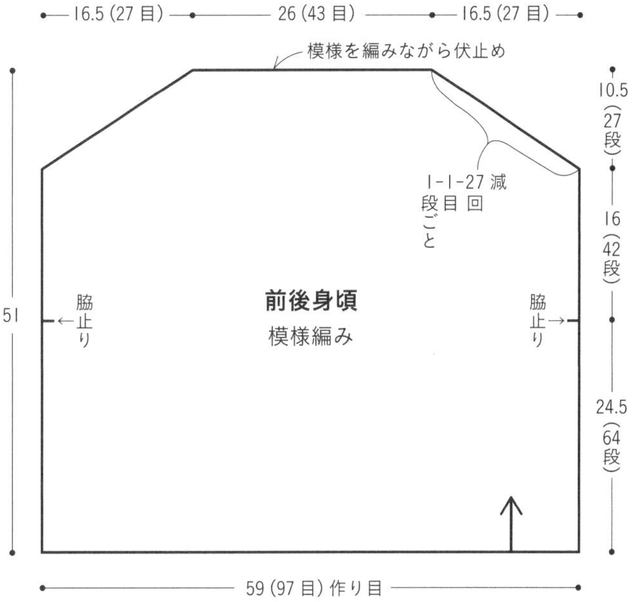

16.5(27目)
26(43目)
16.5(27目)
模様を編みながら伏止め
10.5(27段)
1-1-27減
段目回
ごと
16(42段)
51
脇止り
前後身頃
模様編み
脇止り
24.5(64段)
59(97目)作り目

配色表

※ウールアルパカ1本、シルクモヘヤ3本の合計4本を引きそろえる

	段数　※( )内は編む段数	ウールアルパカ 1本	シルクモヘヤ 3本
肩	1～27段(27段)	きなり	きなり3本
袖ぐり	23～42段(20段)	きなり	きなり3本
	19～22段(4段)	ライトグレー	きなり3本
	15～18段(4段)	ライトグレー	スチール1本、きなり2本
	11～14段(4段)	ライトグレー	スチール2本、きなり1本
	7～10段(4段)	ライトグレー	スチール3本
	3～6段(4段)	ダークグレー	スチール3本
	1、2段(2段)	ダークグレー	ブラック1本、スチール2本
脇下	63、64段(2段)	ダークグレー	ブラック1本、スチール2本
	59～62段(4段)	ダークグレー	ブラック2本、スチール1本
	55～58段(4段)	ダークグレー	ブラック3本
	51～54段(4段)	ブラック	スチール3本
	47～50段(4段)	ブラック	ブラック1本、スチール2本
	43～46段(4段)	ブラック	ブラック2本、スチール1本
	作り目～42段(42段)	ブラック	ブラック3本

模様編み

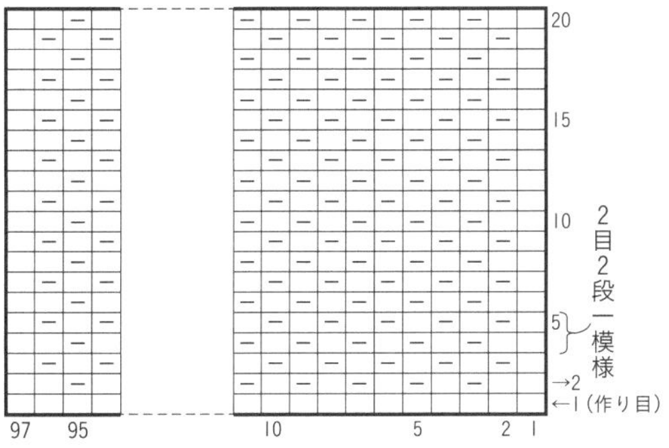

20
15
10
5
2目2段一模様
→2
←1(作り目)
97
95
10
5
2
1

□＝表目
─＝裏目

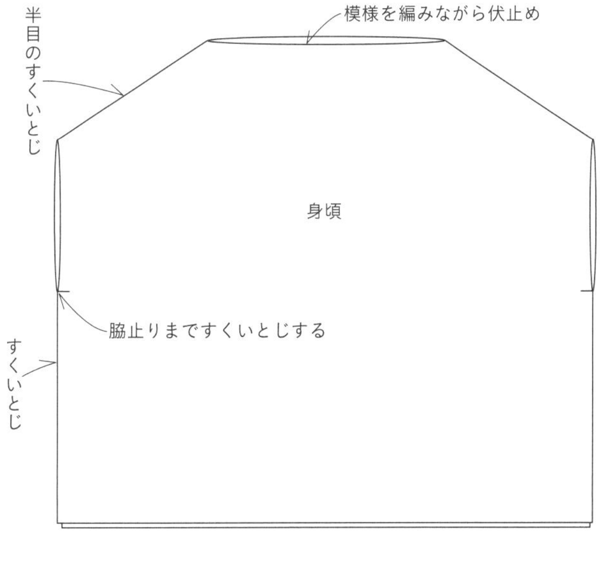

模様を編みながら伏止め
半目のすくいとじ
身頃
脇止りまですくいとじする
すくいとじ

p.32　## 渡り鳥のミトン

材料　[DARUMA]シェットランドウール
マリンブルー(11)38g、きなり(1)19g
用具　4号、3号短5本棒針(マジックループの場合〈p.41を参照〉/4号、3号80cm輪針)
ゲージ　編込み模様 26目28段が10cm四方
寸法　手のひら回り22cm、丈24.5cm

編み方　糸は1本どり、指定の配色、針の号数で編みます。
・右手本体を編みます。
3号針、マリンブルーの糸で指で針にかける作り目で52目作り目し、輪にします。続けて2目ゴム編みで20段編みます。4号針に替え、1段めで増し目をし、編込み模様を37段編みます。途中親指穴部分は別糸を通し、休ませておきます。次の段で巻き目で9目作り目します(p.37を参照)。指先は減らしながら12段編みます。最終段の8目に糸を2回通し、絞ります。
・親指を編みます。
本体の休み目と巻き目、角から1目ずつ、合計20目拾い目して3号針、マリンブルーの糸で輪に編みます(p.37を参照)。続けてメリヤス編みで18段編みます。指先を減し目をしながら3段編みます。最終段の8目に糸を2回通し、絞ります。
・左手を編みます。
同様に左手を編みますが、親指の穴の位置が変わるので注意します。

---

p.33　## イギリスゴム編みの帽子　＊編み図はp.88

材料　[DARUMA]シェットランドウール きなり(1)46g
用具　4号40cm輪針、4号短5本棒針(マジックループの場合〈p.41を参照〉/4号80cm輪針)
ゲージ　イギリスゴム編み 19目40段が10cm四方
寸法　頭回り52.5cm、深さ21cm

編み方　糸は1本どりで編みます。
指で針にかける作り目(親指に2本かける方法 p.39を参照)で100目作り目し、輪にします。イギリスゴム編み(p.39を参照)で48段まで編みます。続けて減らしながらイギリスゴム編みで35段編みます。最終段の10目に糸を2回通し、絞ります。

ポイント　イギリスゴム編みの厚みとバランスをとるために作り目の時、親指側の糸を2本にして端に厚みを持たせました。

親指穴のあけ方

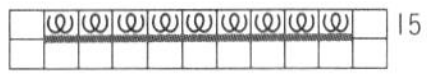
15

15段めでマリンブルーの糸、
きなりの糸の順で交互に
巻き目で作り目をする

親指の目の拾い方

巻き目から
9目拾う
休み目から
9目拾う
1目拾う
(●)
1目拾う
(○)

親指

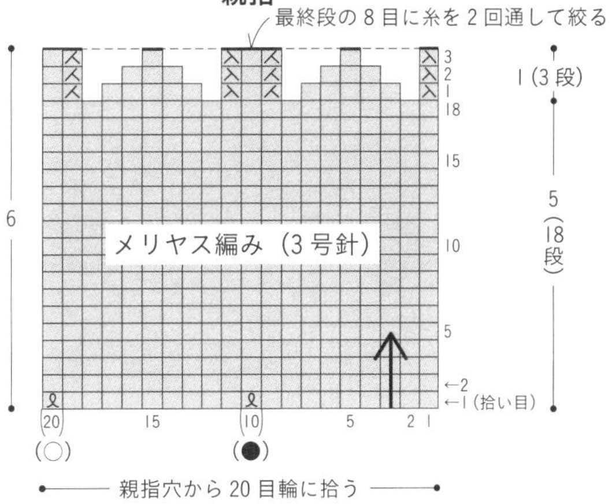
最終段の8目に糸を2回通して絞る
メリヤス編み（3号針）
6
1（3段）
5（18段）
3
2
1
18
15
10
5
←2
←1（拾い目）
20
15
10
5
2 1
(○)
(●)
親指穴から20目輪に拾う

本体

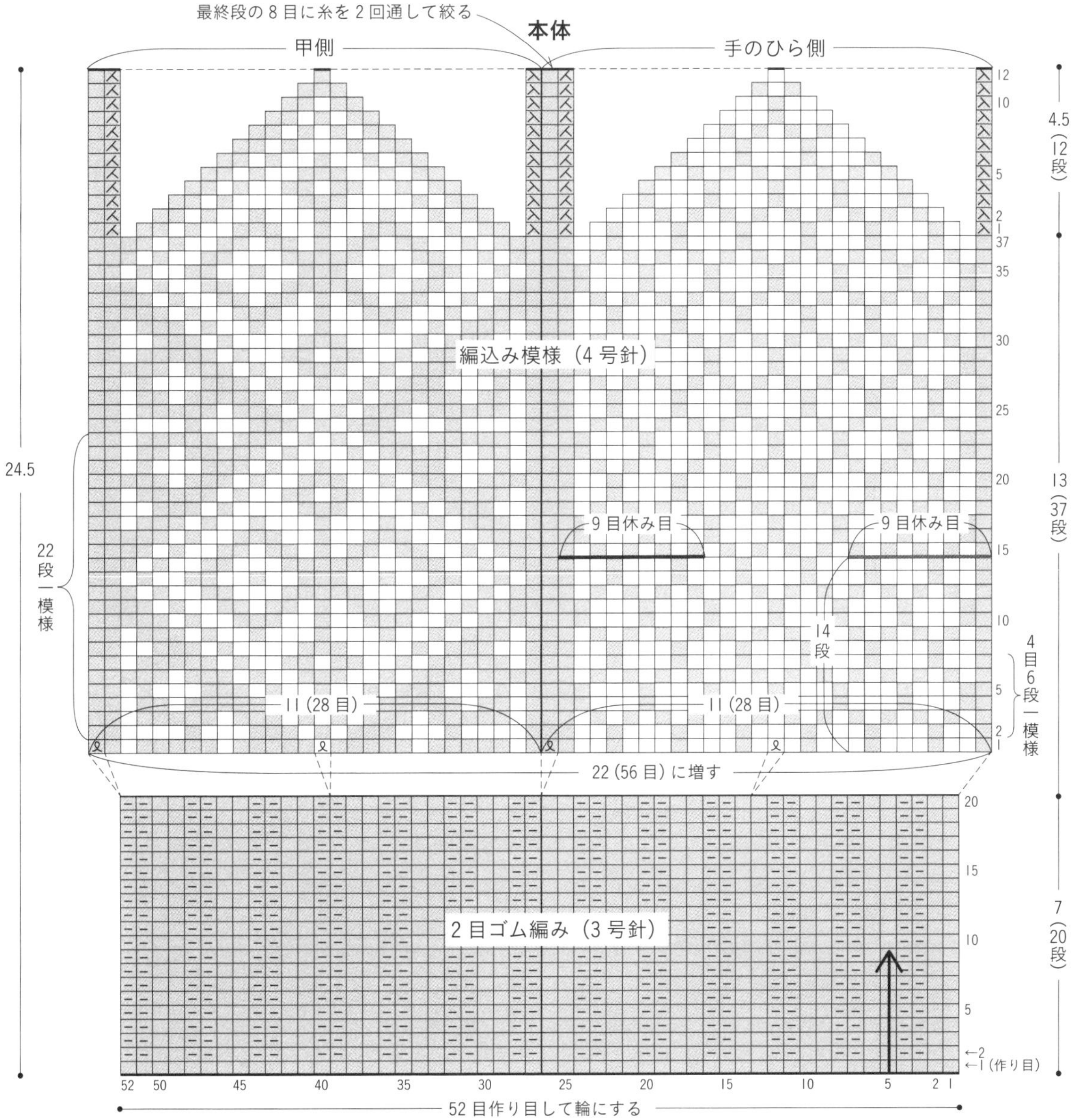
最終段の8目に糸を2回通して絞る
甲側
手のひら側
編込み模様（4号針）
9目休み目
9目休み目
14段
11（28目）
11（28目）
22（56目）に増す
2目ゴム編み（3号針）
24.5
22段一模様
4.5（12段）
13（37段）
4目6段一模様
7（20段）
12
10
5
2
1
37
35
30
25
20
15
10
5
2
1
20
15
10
5
←2
←1（作り目）
52 50 45 40 35 30 25 20 15 10 5 2 1
52目作り目して輪にする

□＝表目　▨ マリンブルー（地糸）　━ ＝左手の親指穴位置

⊟＝裏目　□ きなり（配色糸）　━ ＝右手の親指穴位置

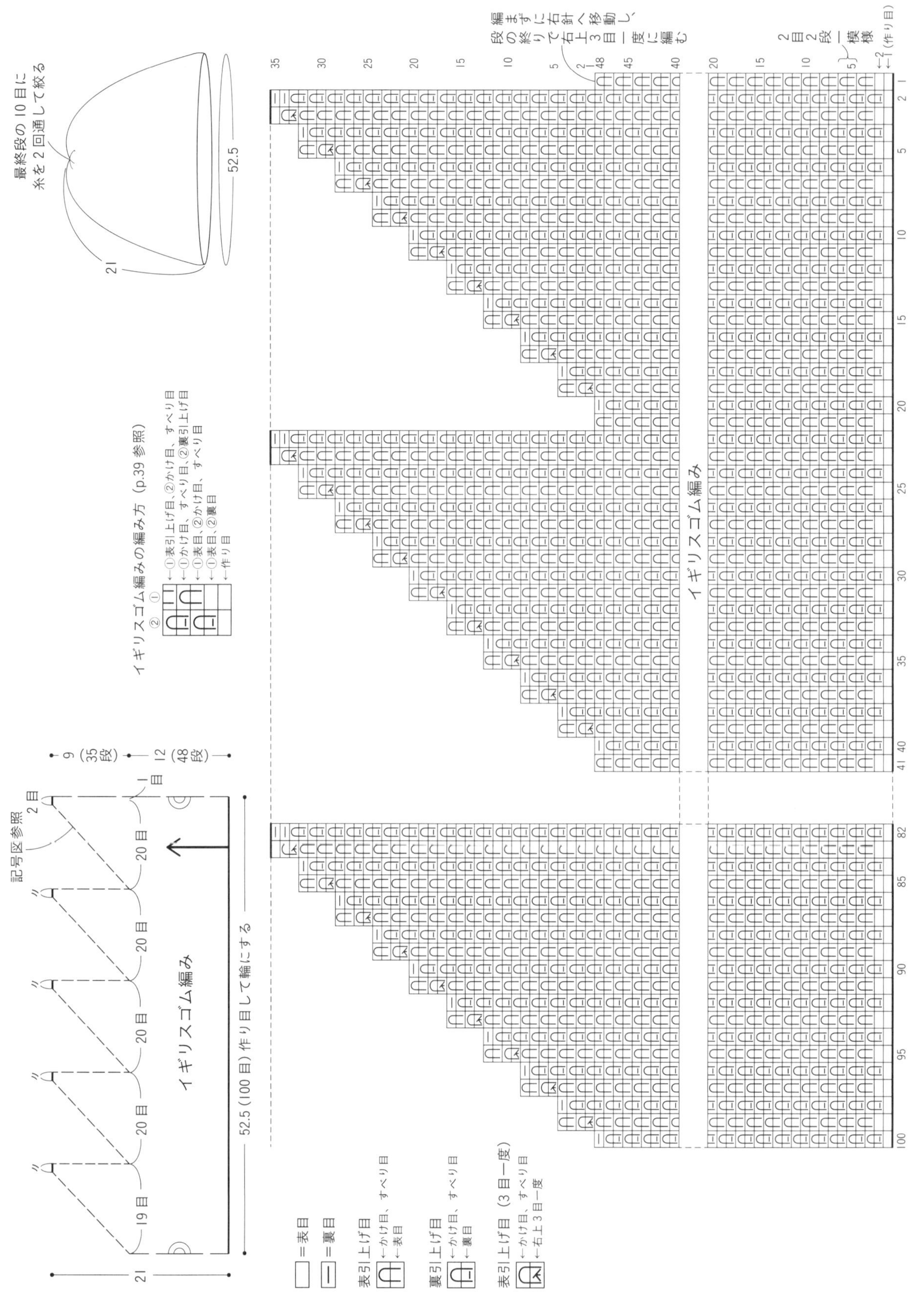

最終段の10目に糸を2回通して絞る
52.5
21
イギリスゴム編みの編み方（p.39参照）
②　①
←①表引上げ目、②かけ目、すべり目
←①かけ目、すべり目、②裏引上げ目
←①表目、②かけ目、すべり目
←①表目、②裏目
←作り目
記号図参照
2目
〃
20目
20目
20目
20目
19目
1目
21
イギリスゴム編み
52.5（100目）作り目して輪にする
9（35段）
12（48段）
□＝表目
｜＝裏目
表引上げ目
←かけ目、すべり目
←表目
裏引上げ目
←かけ目、すべり目
←裏目
表引上げ目（3目一度）
←かけ目、すべり目
←右上3目一度
段の終わりで編まずに右針へ移動し、右上3目一度に編む
2目2段一模様
←2
←1（作り目）
イギリスゴム編み

基本のテクニック

作り目

[指で針にかける作り目]

1

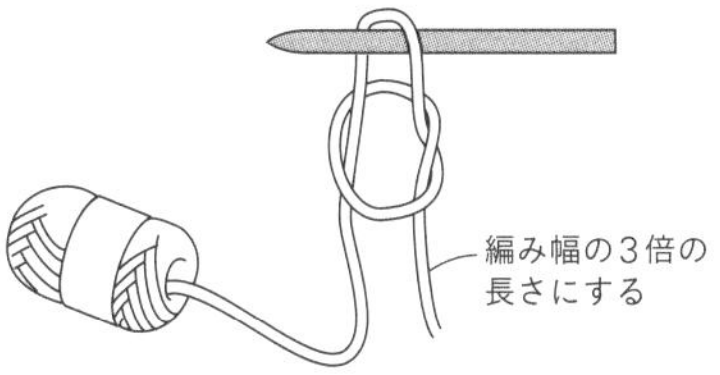
編み幅の3倍の
長さにする

1目めを指で作って針に移し、糸を引く

2

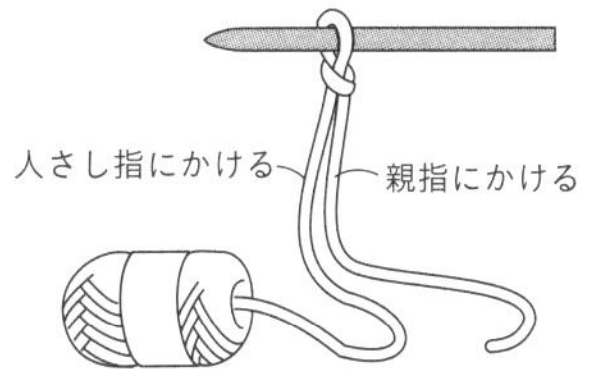
人さし指にかける
親指にかける

1目めの出来上り

3

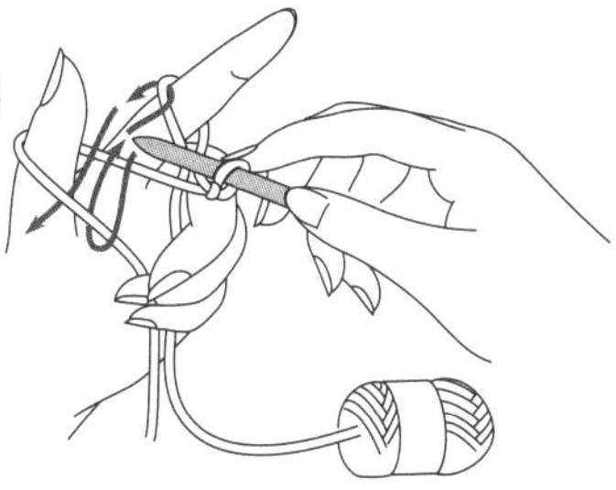

矢印のように針を入れて、かかった糸を引き出す

4

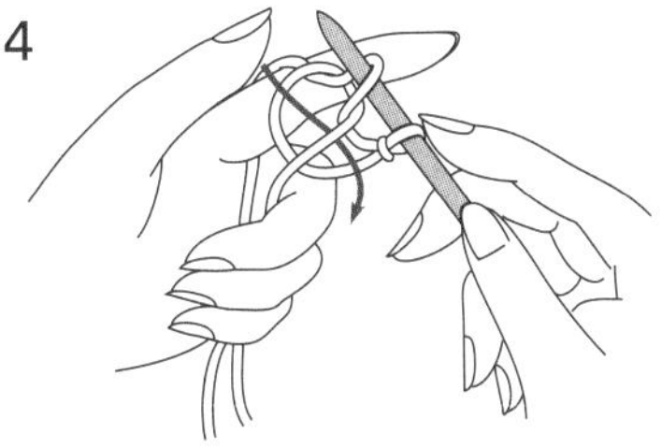

親指の糸をいったんはずし、矢印のように入れ直して目を引き締める

5

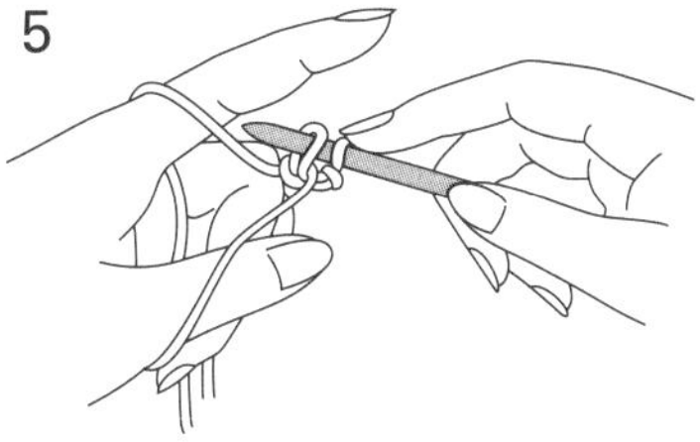

2目めの出来上り。**3**～**5**を繰り返して必要目数を作る

6

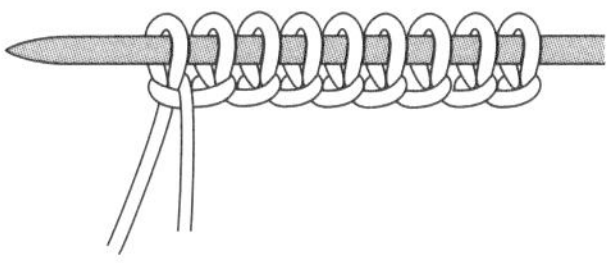

1段めの出来上り。この棒針を左手に持ち替えて2段めを編む

[別鎖の裏山を拾う作り目]

1

1目

編み糸に近い太さの木綿糸で鎖編み(p.95)をする

2

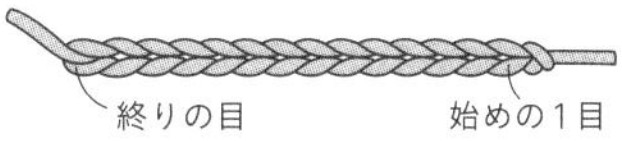
終りの目
始めの1目

ゆるい目で必要目数の2、3目多く編む

3

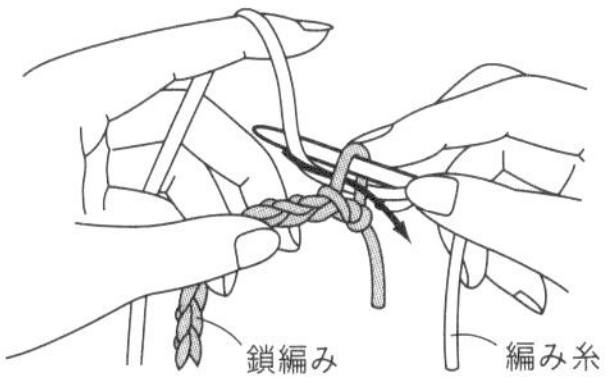
鎖編み
編み糸

鎖の編始めの裏山に針を入れ、編み糸で編む

4

必要数の目を拾っていく。これを1段と数える

編み目記号と編み方

| 表目(表編み)

1

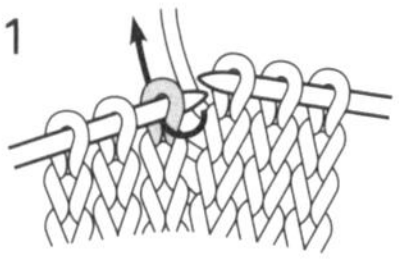

糸を向う側におき、手前から右針を左針の目に入れる

2

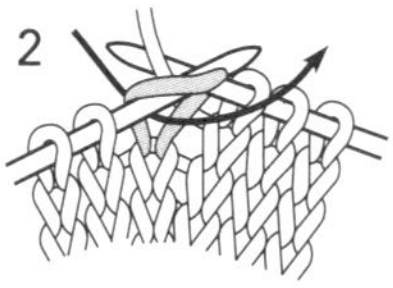

右針に糸をかけ、矢印のように引き出す

3

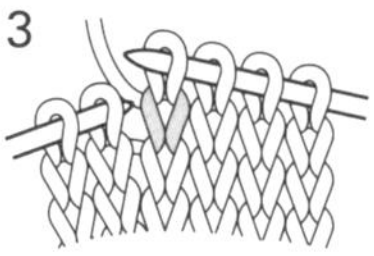

引き出しながら、左針から目をはずす

— 裏目(裏編み)

1

糸を手前におき、向う側から右針を左針の目に入れる

2

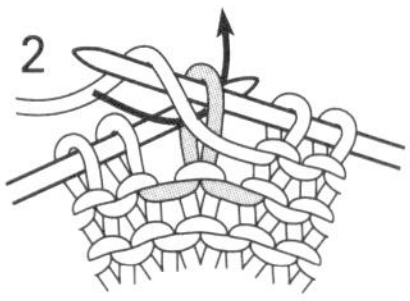

右針に糸をかけ、矢印のように引き抜く

3

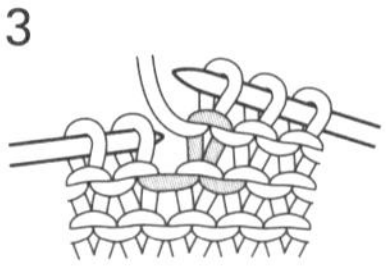

引き出しながら、左針から目をはずす

左上2目一度

1

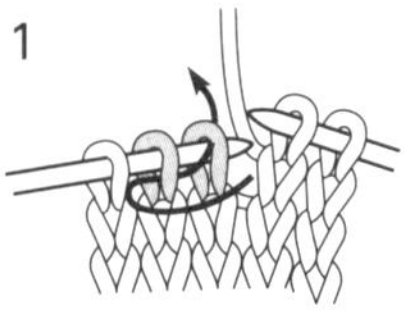

2目一緒に手前から針を入れる

2

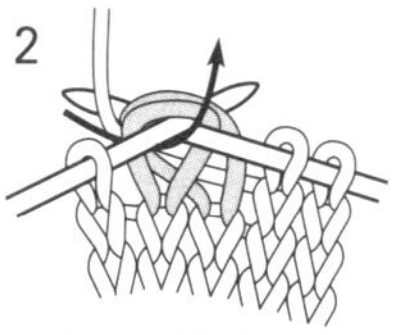

糸をかけて編む

3

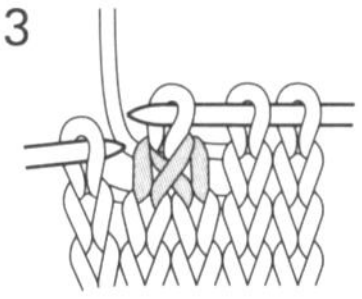

1目減し目

○ かけ目

1

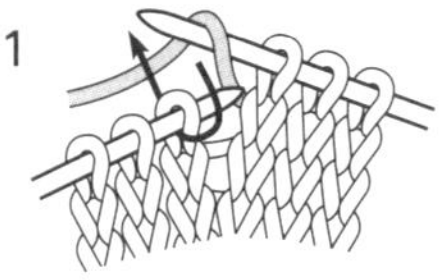

糸を手前にかけ、次の目を編む

2

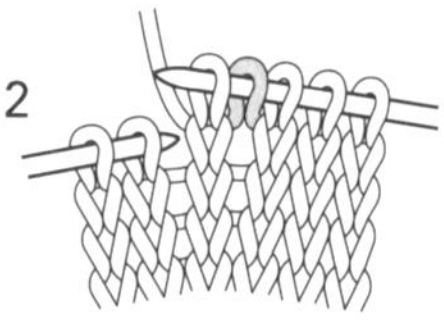

( )ねじり目(右上ねじり目)

1

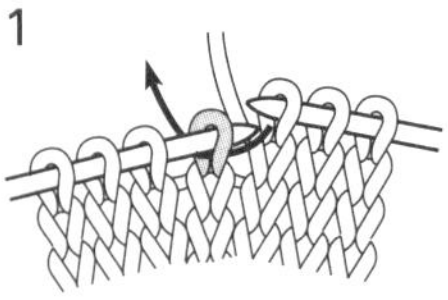

向う側から針を入れる

2

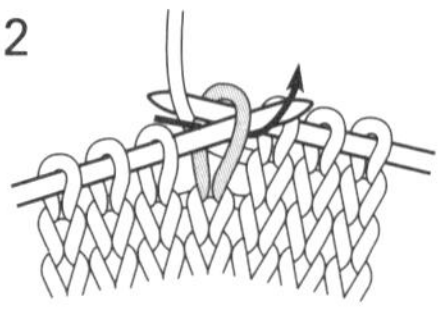

糸をかけて編む

3

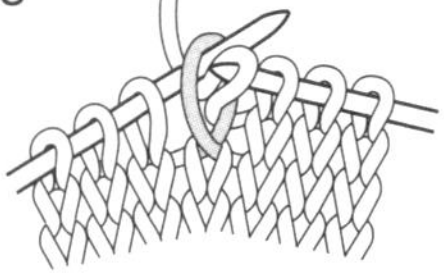

4

右上2目一度

1

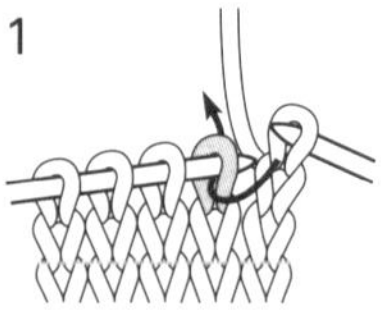

編まずに手前から針を入れて右針に移す

2

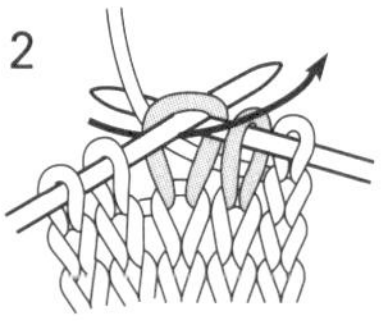

次の目を編む

3

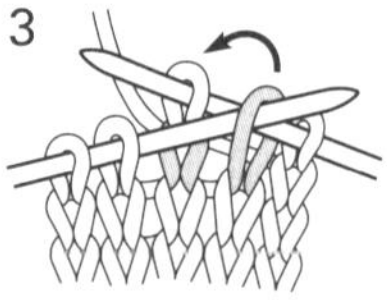

移した目を編んだ目にかぶせる

4

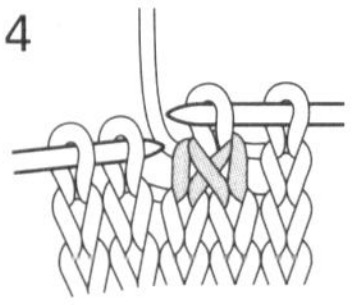

1目減し目

左上2目一度(裏目)

1

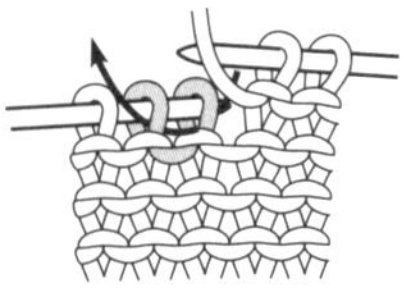

2目一緒に向う側から針を入れる

2

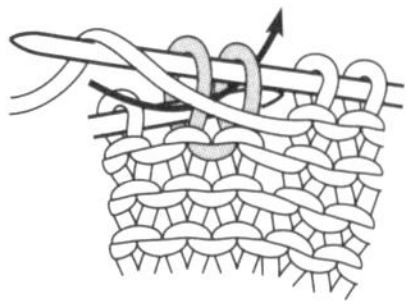

糸をかけて裏目を編む

3

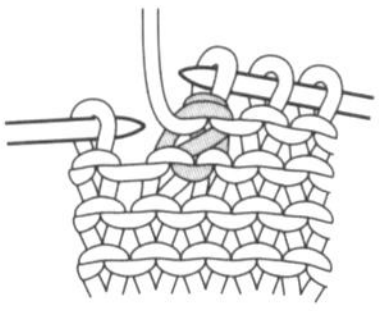

1目減し目

右上2目一度(裏目)

1

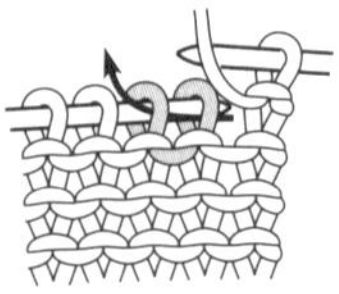

右針を2目一緒に向う側から入れる

2

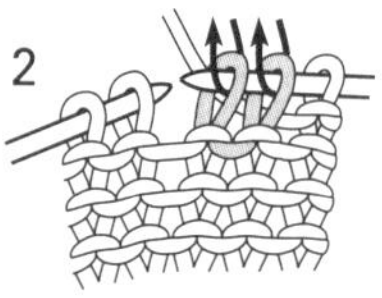

左針を矢印のように入れ、目を移す

3

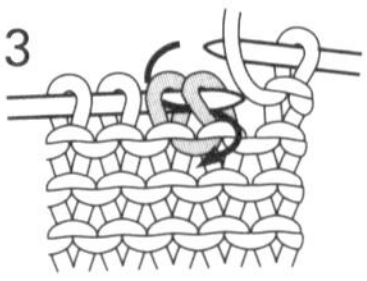

糸をかけて裏目を編む

4

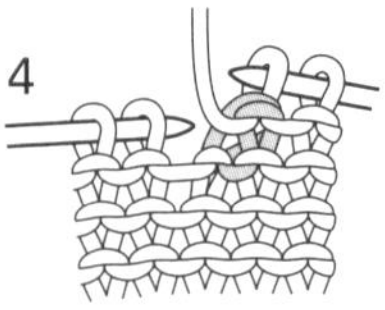

1目減し目

ねじり目(左上ねじり目)

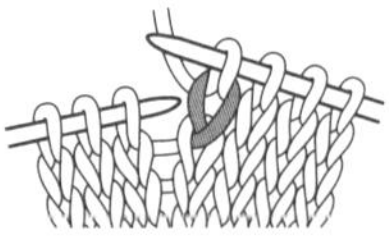

右針を手前から入れ、編まずに移して目の向きを変えて左針に戻し、表目と同様に編む

ねじり目(裏目)

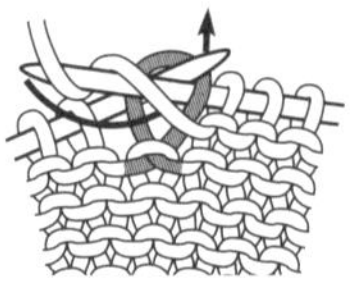

向う側から針を入れ、裏目と同様に編む

中上3目一度

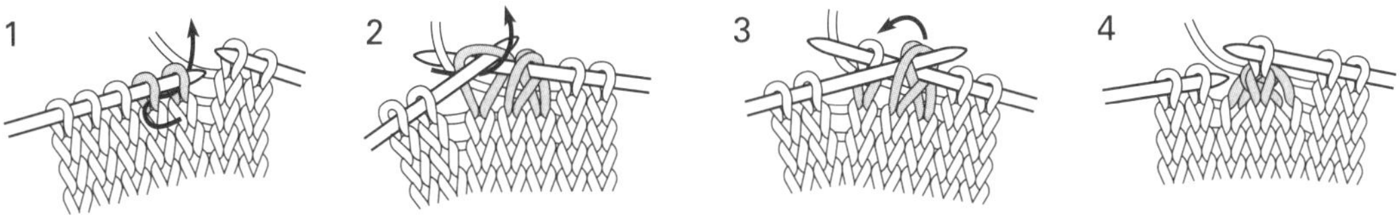

1 2目一緒に手前から右針を入れ、編まずにそのまま右針へ移す

2 次の目を編む

3 編んだ目に移した2目をかぶせる

4 2目減し目

右上3目一度

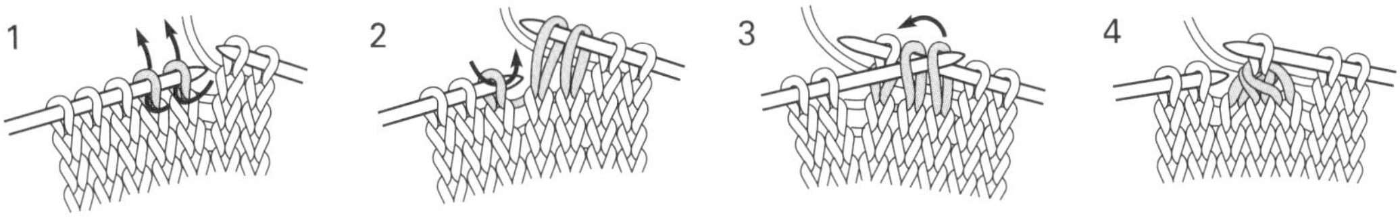

1 編まずに2目を右針へ移す

2 次の目を編む

3 編んだ目に移した2目をかぶせる

4 2目減し目

左上3目一度

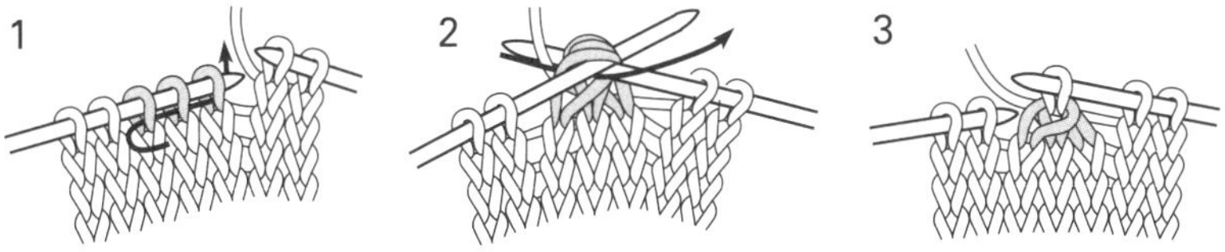

1 3目一緒に手前から右針を入れる

2 3目を一緒に編む

3 2目減し目

巻き目

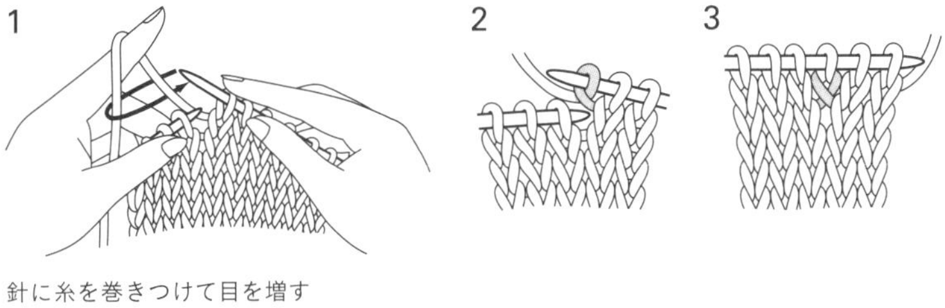

1 針に糸を巻きつけて目を増す

[渡り糸をねじって増し目をする方法]

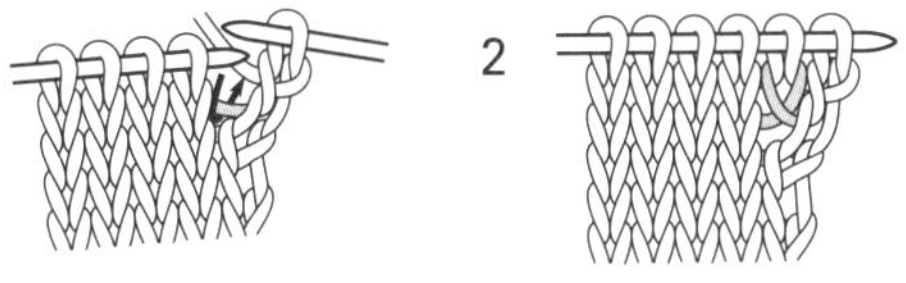

1 渡り糸を左針で矢印のようにすくってねじり目で編む

2 目と目の間に1目増えた

編出し増し目

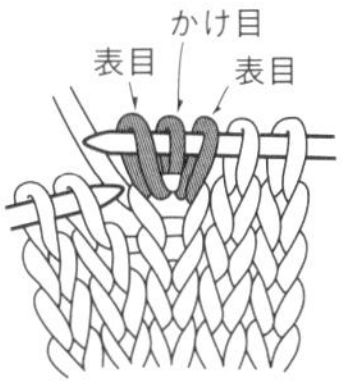

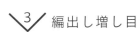

1目から、表目、かけ目、表目を編み出す

すべり目

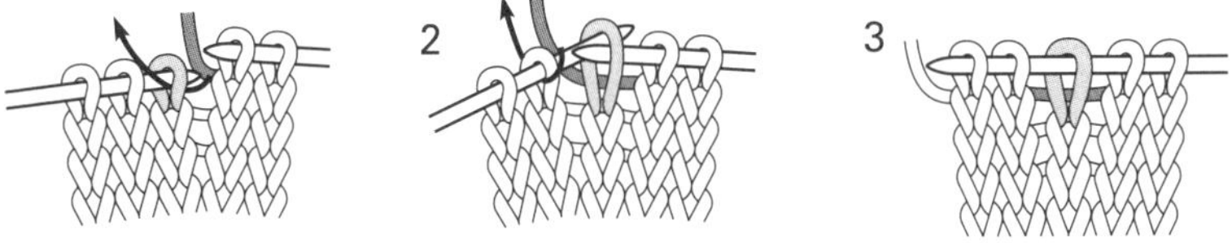

1 糸を向う側におき、編まずに1目右針に移す

2 次の目を編む

右上1目交差

1

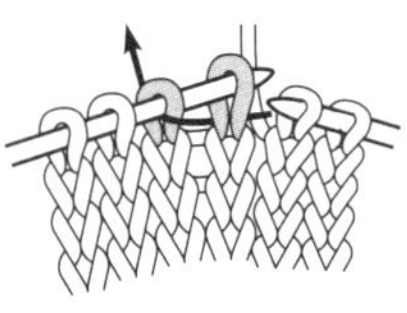

後ろを通って1目とばし、次の目に針を入れる

2

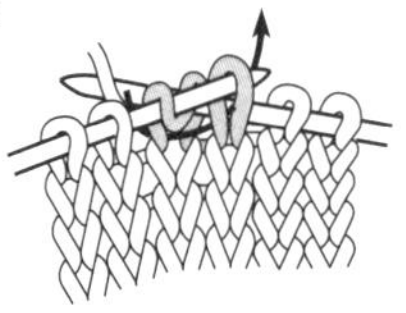

糸をかけて編む

3

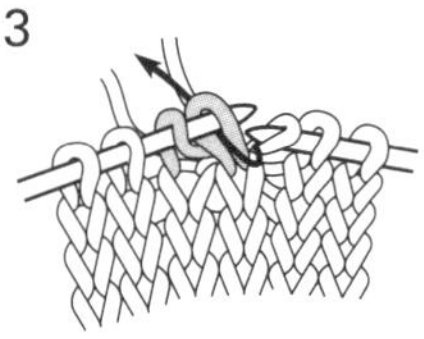

とばした目を編む

4

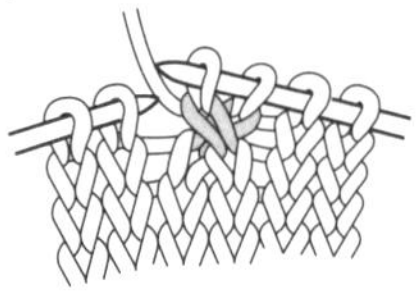

左上1目交差 ※裏側から編む場合は2、3は裏目で編む

1

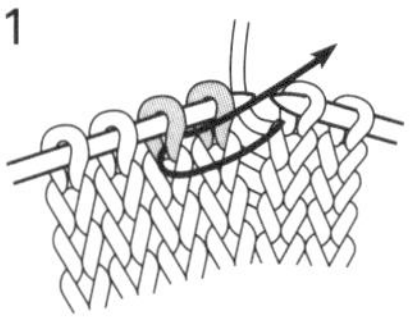

前を通って1目とばし、次の目に針を入れる

2

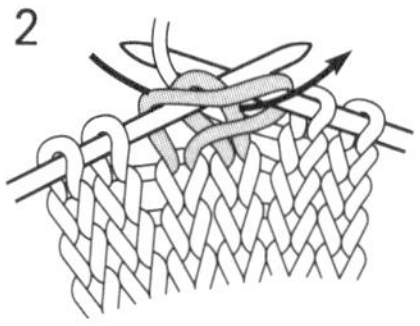

糸をかけて編む

3

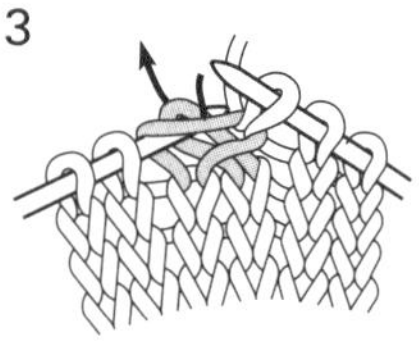

とばした目を編む

4

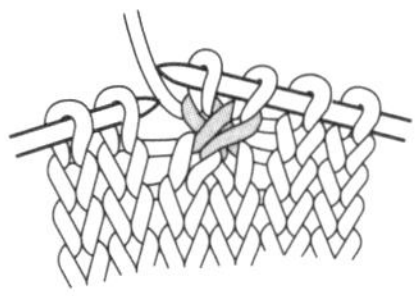

右上2目交差

1

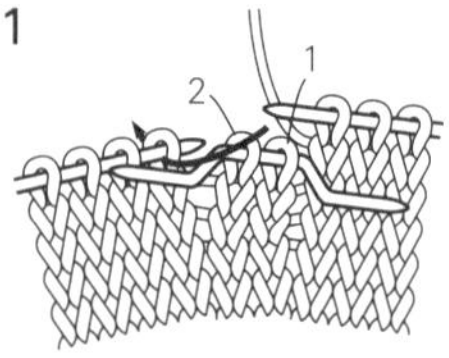

1、2の目を別針に移して手前におく

2

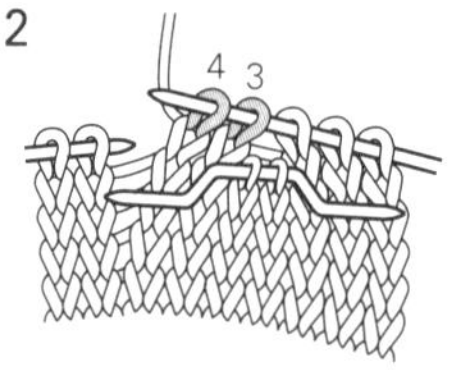

3、4の目を編む

3

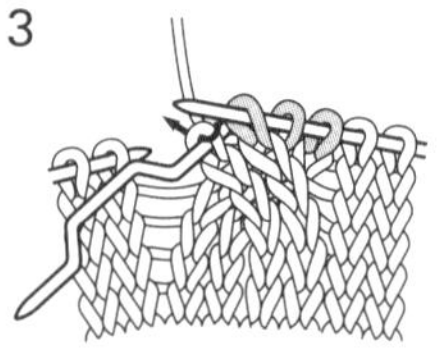

別針の1、2の目を編む

4

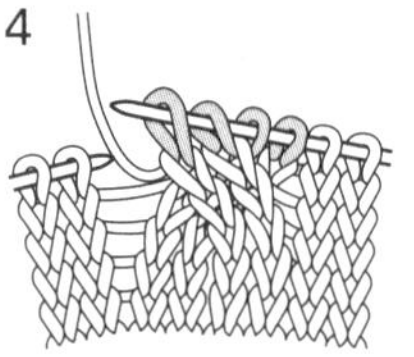

左上2目交差

1

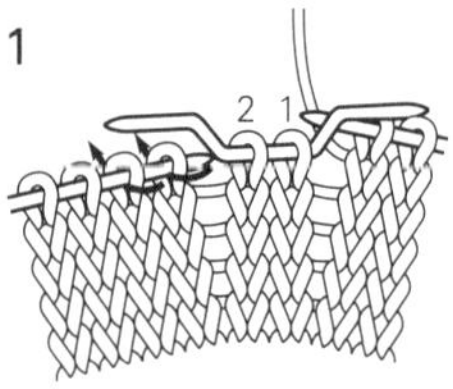

1、2の目を別針にとる

2

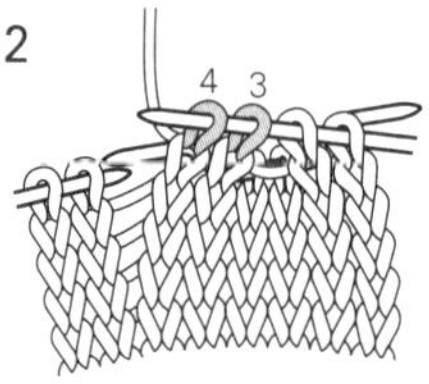

別針を向う側におき、3、4の目を編む

3

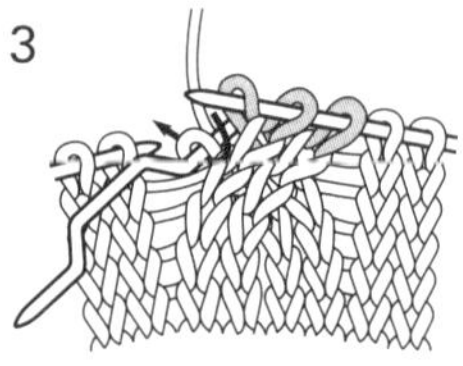

別針の1、2の目を編む

4

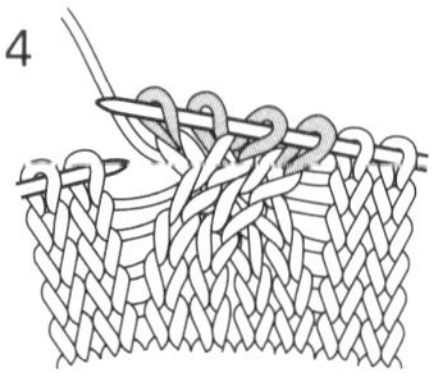

[編込み模様の糸の替え方]

1

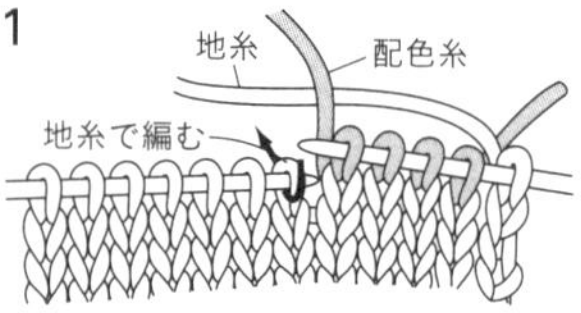

配色糸を上にして、地糸で編む

2

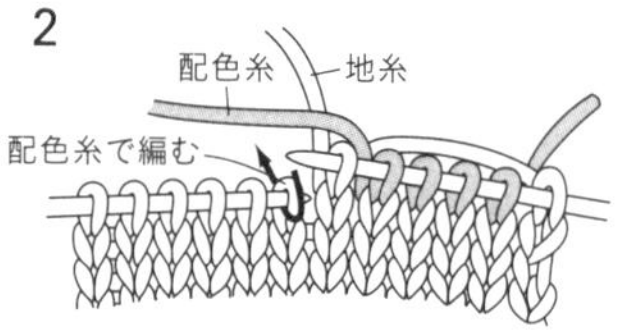

配色糸を地糸の上にして替える

止め

[伏止め]

● 表目

1

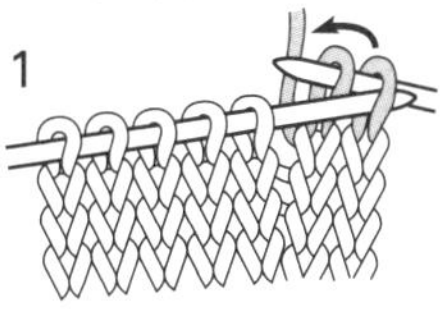

2目表編みし、右の目を
左の目にかぶせる

2

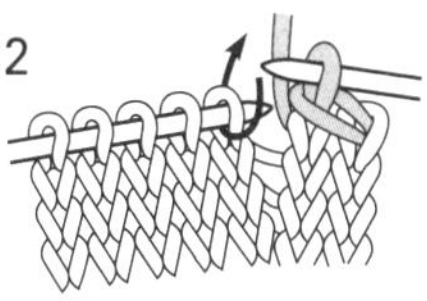

次の目を表編みし、右の
目を左の目にかぶせる

3

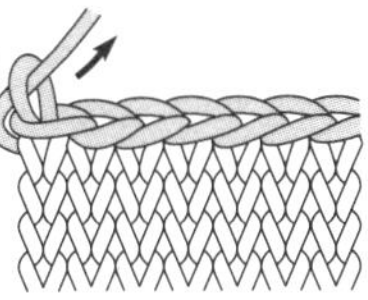

最後の目に糸端を通して
目を引き締める

● 裏目

1

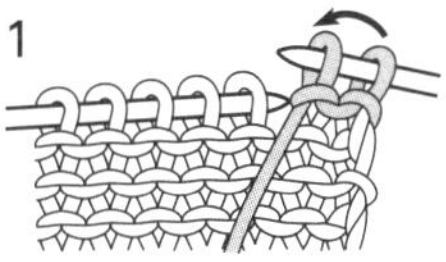

2目裏編みし、右の目を
左の目にかぶせる

2

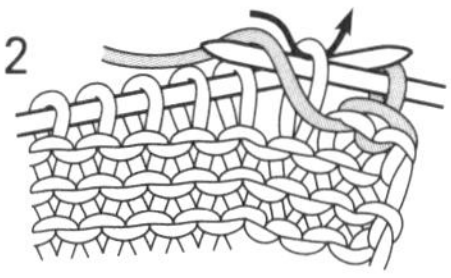

次の目を裏編みし、右の
目を左の目にかぶせる。
最後は表目の**3**の工程と
同様に糸端を目に通して
引き締める

[1目ゴム編み止め(輪編み)]

1

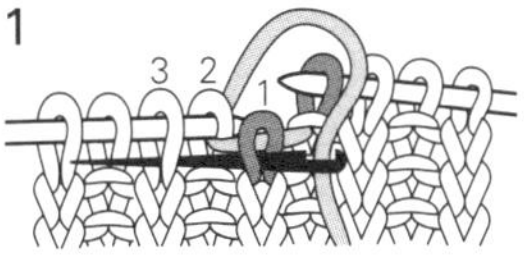

1の目をとばして2の目の手前
から針を入れて抜き、1の目に
戻って手前から針を入れ、3の
目に出す

2

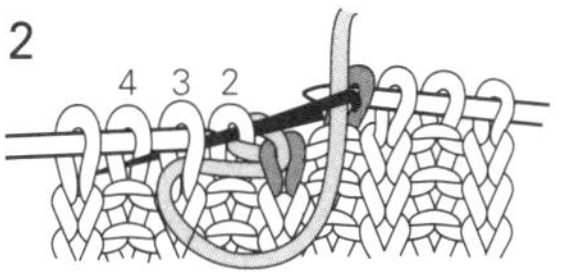

2の目に戻って向う側から針を
入れ4の目の向う側へ出す。こ
れ以降は表目どうし、裏目どう
しに針を入れていく

3

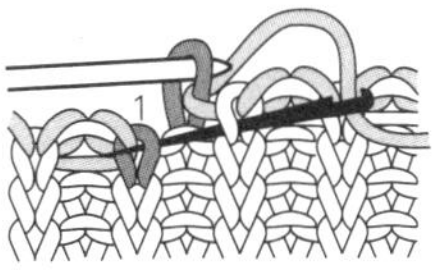

編終り側の表目に手前から針を
入れて1の目に針を出す

4

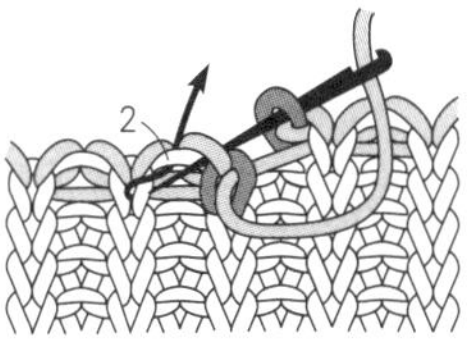

編終りの裏目に向う側から針を
入れ、図のようにゴム編み止め
した糸をくぐり、さらに矢印の
ように2の裏目に抜く

5

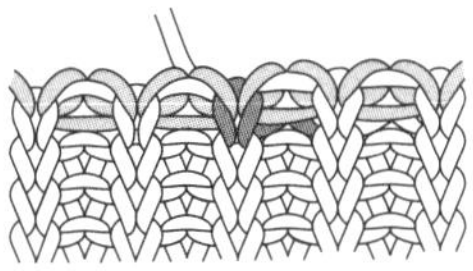

止め終わった状態

[2目ゴム編み止め(輪編み)]

1

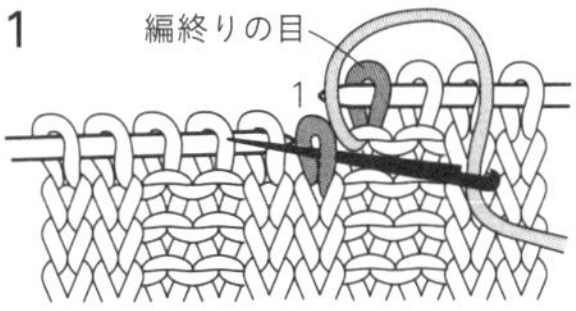

1の目に向う側から針を入れる

2

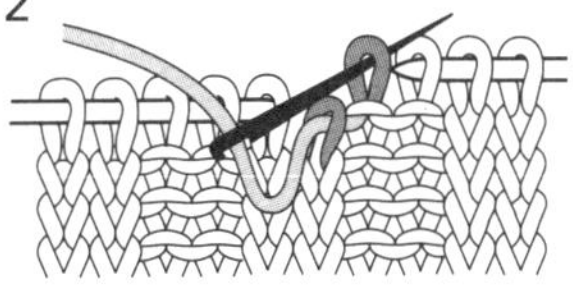

編終りの目に手前から針を入れる

3

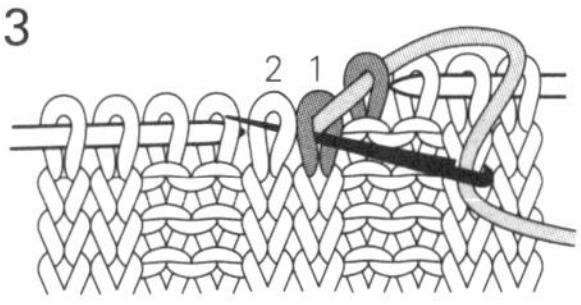

1、2の目に図のように針を入れて出す

4

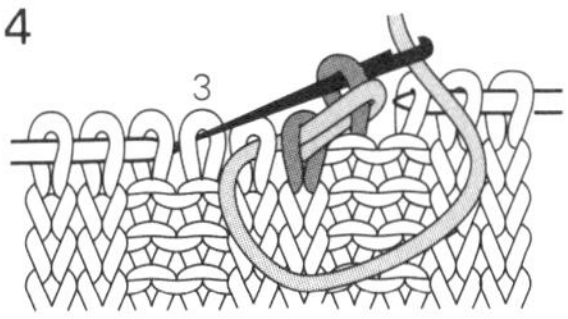

編終りの裏目に向う側から針を入れ、1、
2の2目をとばして3の目の手前から針
を入れる

5

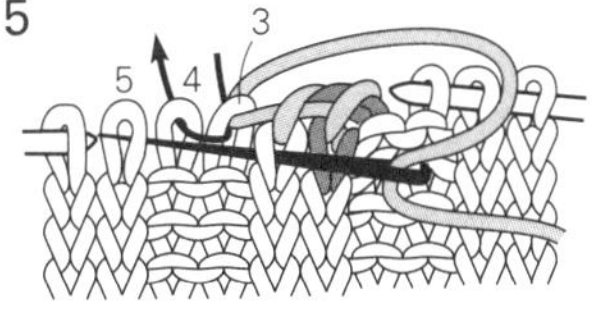

2の目に戻って、3、4の2目をとばして
5の目に針を出す。次に3、4に針を入
れる。**3**～**5**を繰り返す

6

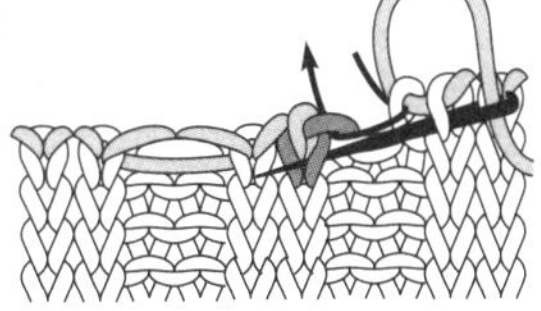

編終り側の表目と編始めの表目に針を入
れ、最後は裏目2目に矢印のように針を
入れて引き抜く

[1目ゴム編み止め(往復編み)]

1

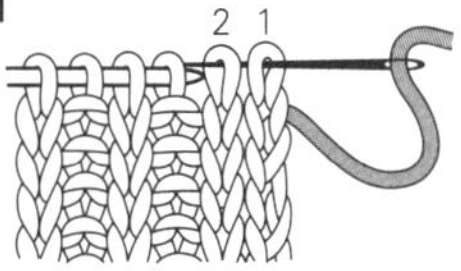

1の目は手前から、2の目は向
う側から針を入れる

2

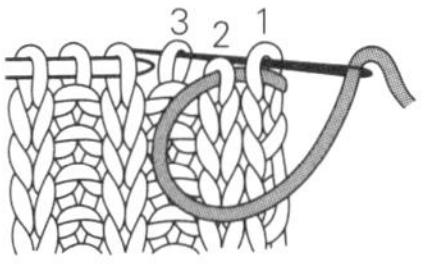

2の目をとばして、1と3の目
に手前から入れる

3

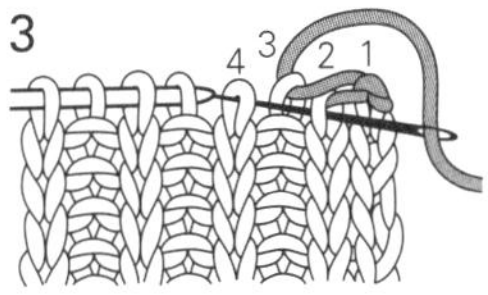

3の目をとばして、2と4の目
(表目)に針を入れる

4

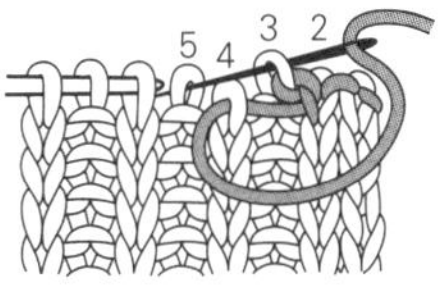

4の目をとばして、3と5の目
(裏目)に針を入れる。**3**、**4**
を繰り返す

はぎ、とじ

[メリヤスはぎ]

1

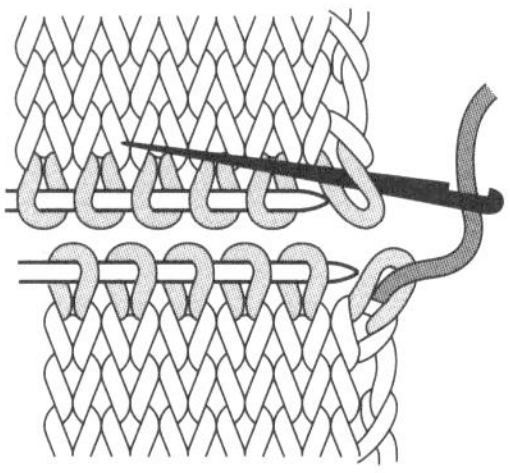

下の端の目から糸を出し、上の端の目に針を入れる

2

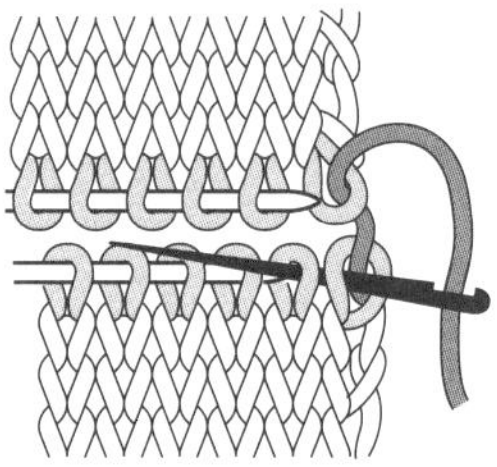

下の端の目に戻り、図のように針を入れる

3

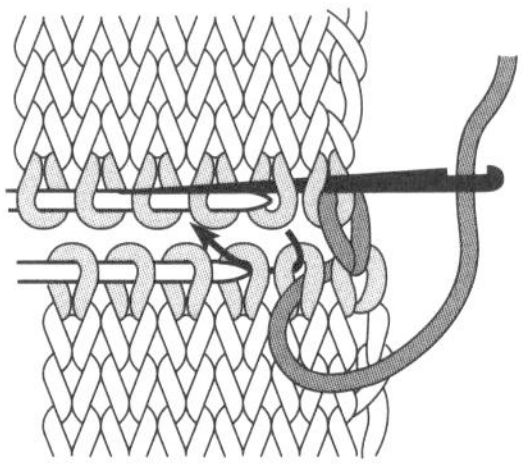

図のように上の端の目と次の目に針を入れ、さらに矢印のように続ける

4

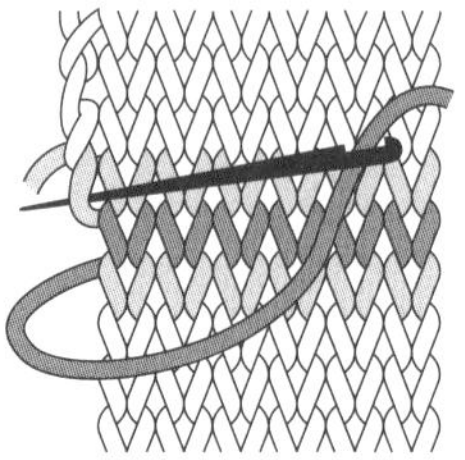

2、3を繰り返し、最後の目に針を入れて抜く

[引抜きはぎ]

1

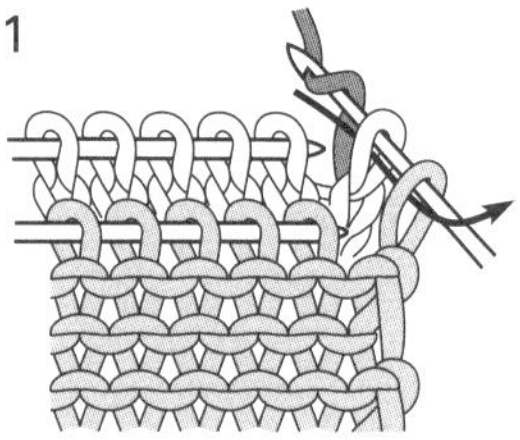

2枚の編み地を中表にして、端の目2目を引き抜く

2

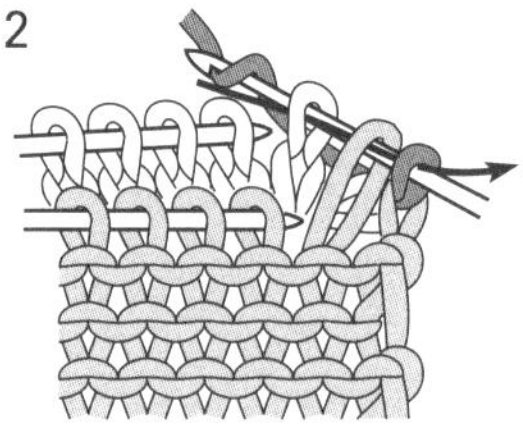

引き抜いた目と次の目2目を引き抜く

3

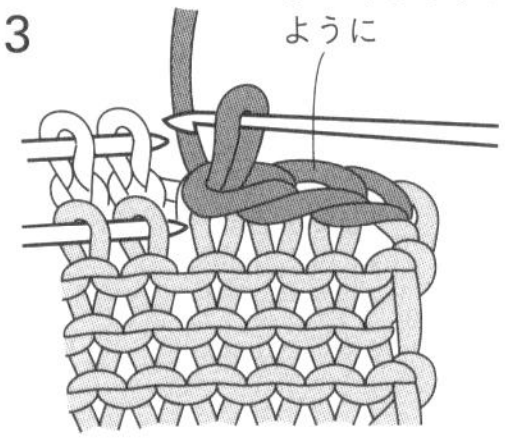

2を繰り返す

[段と目のはぎ]

1

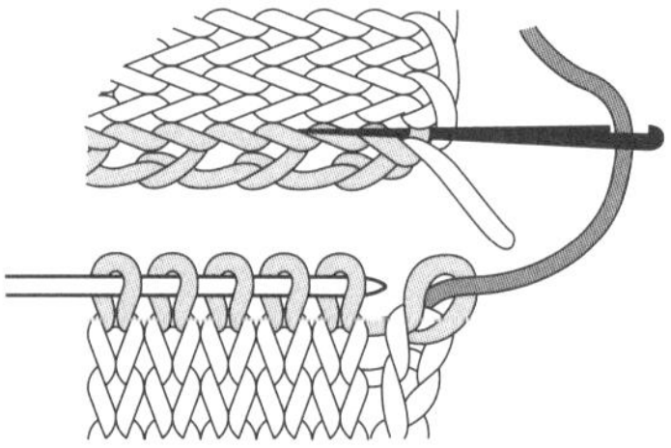

上の段の端の目と2目めの間に針を入れ、糸をすくう

2

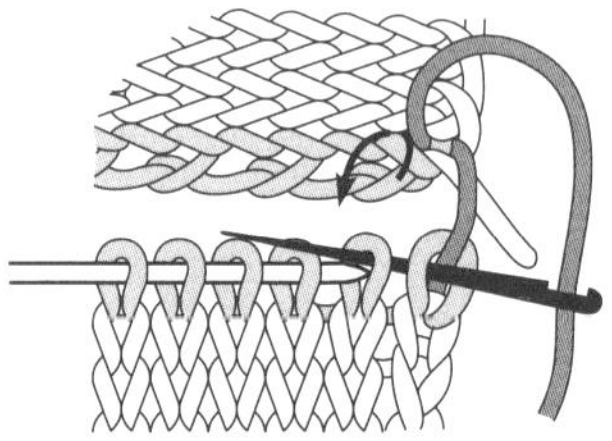

下の段はメリヤスはぎの要領で針を入れていく

3

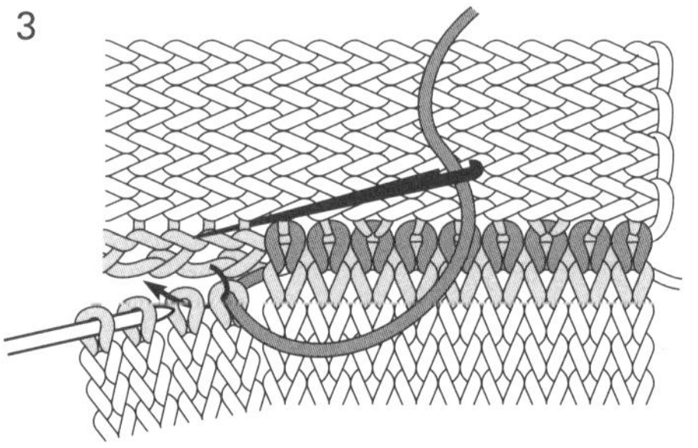

編み地はふつう、段数のほうが目数より多いため、その差を平均に振り分け、1目に対して2段すくっていく

[引抜きとじ]

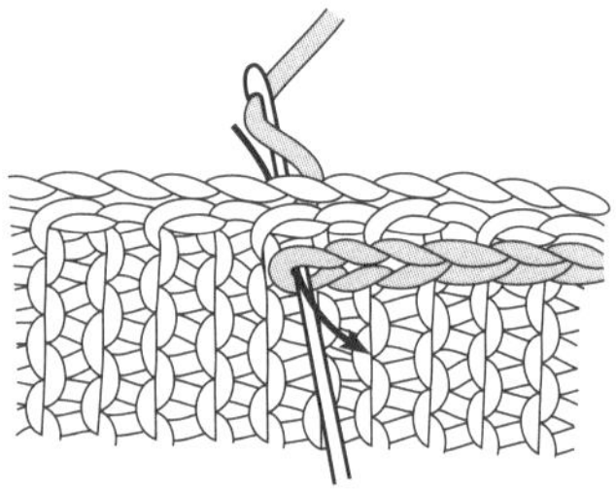

編み地を中表に合わせ、目の間に針を入れる。糸を針にかけて引き抜く

[すくいとじ]

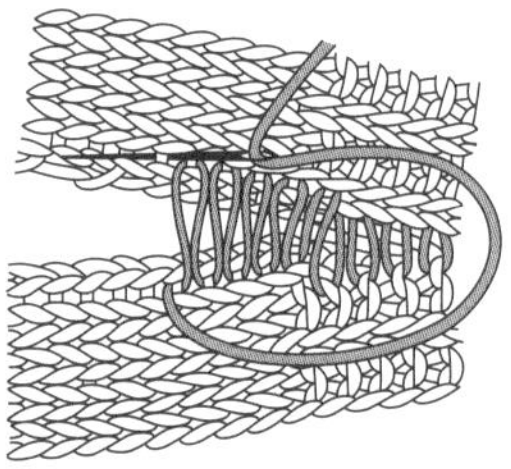

1目めと2目めの間の渡り糸を1段ずつ交互にすくう。
半目のすくいとじの場合は、半目内側の渡り糸をすくう

[編み残す引返し編み]

○左側

1

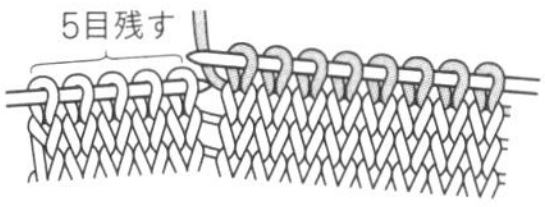

5目残す

引返し編みの手前まで編む

2

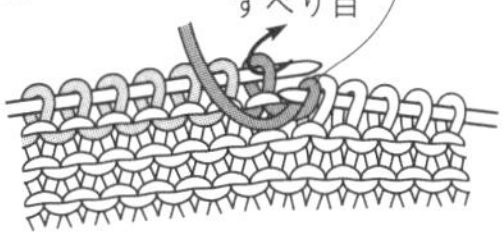

ゆるまないようにかけ目
すべり目

編み地を持ち替えて、かけ目、すべり目をする

3

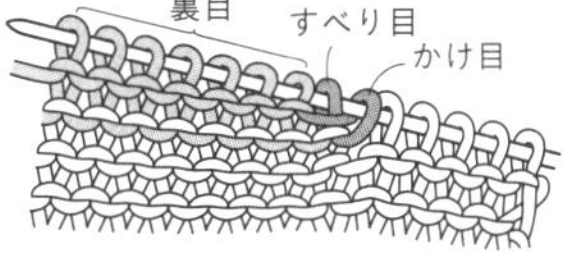

裏目
すべり目
かけ目

裏目を編む

○右側

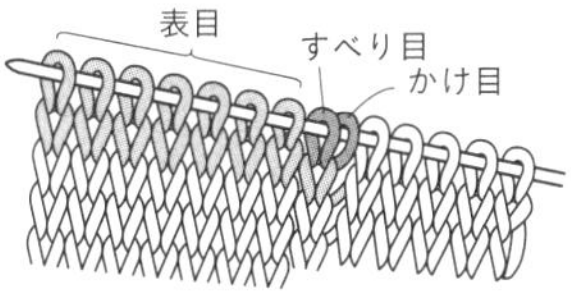

表目
すべり目
かけ目

引返し編みの手前まで編む。編み地を持ち替え、かけ目、すべり目をする。表目を編む

段消し

編み残す引返し編みが終わったら、かけ目の処理をしながら1段編む(段消し)。
裏目で段消しをするときは、かけ目と次の目を入れ替えて編む

○左側

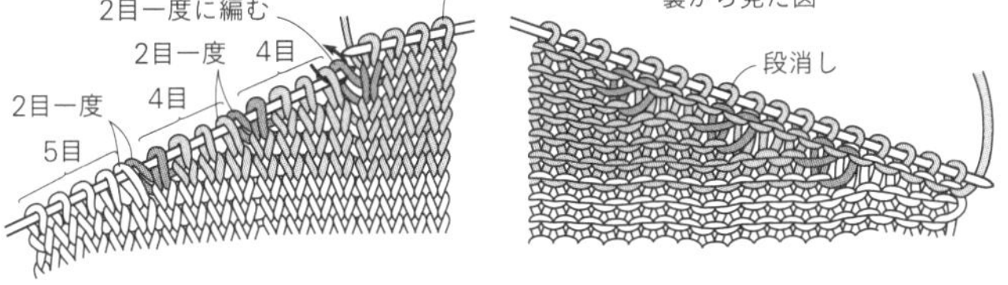

かけ目と次の目を
2目一度に編む
段消しをする
2目一度
4目
2目一度
4目
5目
裏から見た図
段消し

○右側

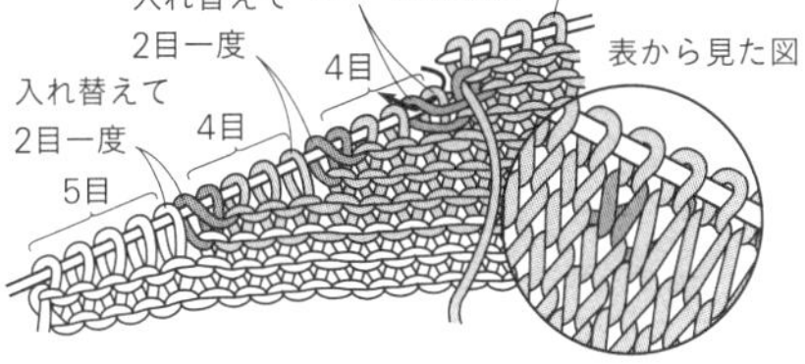

かけ目と次の目を
入れ替えて
2目一度に編む
段消しをする
入れ替えて
2目一度
4目
入れ替えて
2目一度
4目
5目
表から見た図

[かぎ針編み]

○ 鎖編み

1

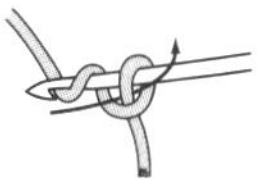

2

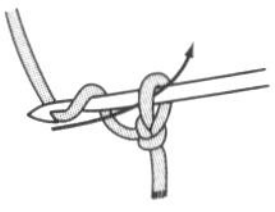

3

1目

4

ブックデザイン　葉田いづみ
撮影　山口 明
プロセス撮影　安田如水（文化出版局）
スタイリング　串尾広枝
ヘア＆メイク　西ヒロコ
モデル　Hesui
製作協力　あらかわちよみ、
谷口弘恵、諸星由喜子
作り方解説、トレース　田中利佳
DTPオペレーション　文化フォトタイプ
校閲　向井雅子
編集　小山内真紀
大沢洋子（文化出版局）

あみものクローゼット

2021年 9 月26日　第1刷発行
2021年10月20日　第2刷発行
著　者　那須早苗
発行者　濱田勝宏
発行所　学校法人文化学園 文化出版局
〒151-8524
東京都渋谷区代々木3-22-1
電話 03-3299-2489（編集）
03-3299-2540（営業）
印刷・製本所　株式会社文化カラー印刷

文化出版局のホームページ　http://books.bunka.ac.jp/

◎ 素材と道具提供

ダイドーフォワード パピー
東京都千代田区外神田3-1-16ダイドーリミテッドビル3F
tel 03-3257-7135　http://www.puppyarn.com

横田・DARUMA
大阪市中央区南久宝寺町2-5-14　tel 06-6251-2183
http://www.daruma-ito.co.jp/

ユーロ・ジャパン・トレーディング・カンパニー
（Jamieson's Spinning（Shetland）・スピンドリフト）
http://www.eurojapantrading.com/

きぬがさマテリアルズ（オステルヨートランド羊毛紡績・ヴィシュ）
兵庫県加古郡播磨町二子130
http://www.kinumate.sakura.ne.jp

内藤商事（ロピー）
東京都葛飾区立石8-43-13　tel 03-5671-7110
http://www.naitoshoji.co.jp

クロバー　https://clover.co.jp
クロバーラボ（棒針キャップ、段数マーカー）
https://labo.clover.co.jp/

◎ 衣装協力

CANVAS & CLOTH　http://www.canvasandcloth.jp
p.6 シャツワンピース

HAND ROOM WOMEN'S　tel 03-3481-8347
p.5 デニム、p.8 シャツ、コート、p.12, 13 シャツ、
サスペンダーパンツ、p.17 シャツ、
p.20 タートルネックカットソー、スカート、p.25 パンツ

humoresque　tel 03-6452-6255
p.11、カバー タートルネックカットソー、
スウエットスカート、p.19 ワンピース、p.25 シャツ、
p.27 パンツ、p.30, 31 ブラウス、スカート

PLAIN PEOPLE 青山　tel 03-6419-0978
p.14 パンツ、p.17 キュロットパンツ、p.20 シャツ、
p.22 カットソー、パンツ、p.27 ブラウス、
p.33 コーデュロイシャツ

◎ 小道具協力

AWABEES　tel 03-5786-1600
UTUWA　tel 03-6447-0070